语言学与大学英语教学融合探索

刘 潜 著

全国百佳图书出版单位 吉林出版集团股份有限公司

图书在版编目（CIP）数据

语言学与大学英语教学融合探索 / 刘潜著. -- 长春：吉林出版集团股份有限公司, 2022. 12

ISBN 978-7-5731-2737-2

Ⅰ. ①语… Ⅱ. ①刘… Ⅲ. ①语言学-研究②英语-教学研究-高等学校 Ⅳ. ①H0②H319. 3

中国版本图书馆 CIP 数据核字（2022）第 216238 号

YUYANXUE YU DAXUE YINGYU JIAOXUE RONGHE TANSUO
语言学与大学英语教学融合探索

著：刘 潜
责任编辑：朱 玲
封面设计：雅硕图文
开　　本：720mm×1000mm　1/16
字　　数：160 千字
印　　张：8.5
版　　次：2022 年 12 月第 1 版
印　　次：2022 年 12 月第 1 次印刷

出　　版：吉林出版集团股份有限公司
发　　行：吉林出版集团外语教育有限公司
地　　址：长春市福祉大路 5788 号龙腾国际大厦 B 座 7 层
电　　话：总编办：0431-81629929
印　　刷：涿州汇美亿浓印刷有限公司

ISBN 978-7-5731-2737-2　　定　价：46.00 元
版权所有　侵权必究　　举报电话：0431-81629929

前　言

语言是人们学习、工作以及生活的基础，是人们社交的主要工具。语言学是研究语言发展和形成过程变化中的规律，分析每个国家和地区不同的语言类型，并对其做出科学分析的过程。在语言学的研究过程中，关键就是对语言的结构和功能进行剖析，在探索中明确语言的本质，揭示语言的发展规律。

英语教学，顾名思义，是指以英语为桥梁而进行的语言教学。英语教学涉及多种专业理论知识，包括语言学、第二语言习得、词汇学、句法学、文体学、语料库理论、认知心理学等内容。目前，受全球经济一体化、文化多元化发展的影响，世界各国间的交流与日俱增。在与世界其他各国进行交流的过程中，英语人才成为必不可少的后备力量。高校英语教学承担着培养语言基本功扎实、跨文化技能娴熟、国际视野宽广、中国情怀博大、专业基础宽厚、国际规范熟悉的国际化人才的使命。尽管传统的英语教学模式对中国的人才培养做出了重要贡献，在看到成效的同时，也应该看到传统教学模式的不足。在传统课堂中，学生一直处于听讲-记笔记的状态，有些学生由于害怕会遗漏重要的知识点，所以会让自己的精神高度紧绷，有些学生则在课堂上缺失了学习的兴趣。在课后的知识内化过程中，如果没有得到教师的支持，学生往往会有一种挫败感，长此以往就会丧失学习的兴趣。因此，就必须探索教学的新思路，从而提高英语教学的实效性。

语言学和英语教学之间存在着非常紧密的联系，二者是相互影响、共同促进的，通过对英语教学的深入探究可以发现，英语本身所特有的交际性特征，是从应用语言学的观点引申的，而英语教学和社会语言学的联系主要体现在教学的方式和价值上。语言学在英语教学中起到了非常重要的作用，只有真正理解语言学的特点和意义，将其真正应用于英语教学中，学生才能对英语学习产生兴趣，英语成绩才能得到提高。

本书是一本探讨语言学与大学英语教学融合的理论著作。本书简要阐述了语言与语言学、大学英语教学、语言学与大学英语教学融合的基础知识；重点探索了认知语言学与大学英语教学的融合、系统功能语言学与大学英语教学的融合、应用语言学与大学英语教学的融合、结构主义语言学与大学英语教学的融合、文化语言学与大学英语教学的融合等方面的内容。

需要说明的是，语言学与大学英语教学融合并不止于本书的内容，尤其是其中的某些教学的技巧与方法，还需要人们结合自身实际，灵活运用，唯有如此，才能百尺竿头更进一步！

在写作过程中，作者广泛参考、吸收了国内外众多学者的研究成果和实际工作者的经验，在此，对本书所借鉴的参考文献的作者、对写作过程中提供帮助的单位和个人致以衷心的感谢！同时，有些参考的资料由于无法确定来源和作者，因此没有在参考文献中列出，为此表示深深的歉意。在写作本书时，作者深感自身所存在的不足，对此希望广大读者与专家、学者予以谅解，并提出自己的宝贵意见，以便修改完善。

目 录

第一章 语言学与大学英语教学概述 ·································· 1
第一节 语言与语言学 ·· 1
第二节 大学英语教学概述 ··· 8
第三节 语言学与大学英语教学研究 ···································· 20

第二章 认知语言学与大学英语教学融合探索 ······················ 22
第一节 语言与认知 ·· 22
第二节 认知语言学背景下的语言教学观 ···························· 26
第三节 认知语言学在大学英语教学中的运用研究 ·············· 32

第三章 系统功能语言学与大学英语教学融合探索 ··············· 44
第一节 系统功能语言学的基本理论 ··································· 44
第二节 系统功能语言学蕴含的重要思想与研究进展 ··········· 50
第三节 基于系统功能语言学的大学英语教学实践 ·············· 58

第四章 应用语言学与大学英语教学融合探索 ······················ 66
第一节 应用语言学的基本理论 ·· 66
第二节 应用语言学与大学英语教学的关系 ························ 70
第三节 应用语言学与大学英语教学的融合 ························ 73
第四节 基于应用语言学的大学英语教学评价 ···················· 80

第五章 结构主义语言学与大学英语教学融合探索 ··············· 87
第一节 结构主义语言学的理论基础 ··································· 87
第二节 结构主义语言学对大学英语学习的影响 ················· 98
第三节 基于结构主义语言学的大学英语教学对策 ············ 101

第六章 文化语言学与大学英语教学融合探索 ………………………… 107
  第一节 文化与语言教学 ………………………………………………… 107
  第二节 文化语言学概述 ………………………………………………… 114
  第三节 大学英语文化教学研究 ………………………………………… 120

参考文献 ……………………………………………………………………… 127

第一章　语言学与大学英语教学概述

毋庸置疑，语言在人们的社会生活中扮演着重要的角色，它是人们传达信息、进行交流的重要依据。虽然语言对于人们来讲非常重要，但人们对它的了解却很少，甚至将许多与语言有关的现象当成是理所当然的。语言学这门学科的诞生，便给予了人们研究语言的极大便利，同时在英语教学中也发挥出了重要的作用，我们必须加强对语言学的认识。

第一节　语言与语言学

一、语言

（一）语言的概念

"语言"与我们的生活是密切相关的。如果让我们对它下一个定义，很多人都会说，语言就是我们所说的话。这样的解释通俗易懂，但是未免有些笼统。

1. 语言所承载的内容及其带给人们的感受

其实，语言是语言学的重要研究对象。通过学习语言学可以知道，语言是一种符号系统，是通过系统且组合复杂的声音传达包罗万象的意义和情感等内容的交际工具。从不同的角度来看，语言所承载的内容及其带给人们的感受是不同的，下面我们来一一说明。

（1）语言通过声音表达出来，也就是我们听到的语音，这是我们首先能感知到的表达意义的途径。语音是由人类根据自己的发音器官发出的语音单位所组成的复杂系统，而且每个民族的语言都有自己的语音构成成分与构成特点。这是从形式上来对语言进行分析。

（2）语音是语言表达的形式，但是，通过语音呈现出来的语言要让人理解，必须表达出具体的意义，这就是所谓的语义。语义中所涵盖的意义，不仅包括客观世界本身的状态，也有相当程度的认识者的主观态度，甚至有些纯粹是人主观虚构出来的。语义是由很多具体单位表现出来的，包括词、词汇、句子等。

（3）从组织结构上来看，语言除了语音、语义和词汇外，还需要一个将它们串联起来表达复杂内容和思想情感的手段——语法。因为在英语等形态语言系统里，有效句子除了基本词语成分和意义外，还有格、时、数等语法范畴，而且其必须通过相对应的语法形式来表达。

综上所述，"语言"并不是一个成分零乱且组合简单的使用工具，而是一个由语音、词汇、语义和语法四大部分构成的符号体系，其内部构成复杂、组织严密，且功能强大。

2. 从属性上界定语言

人们对语言的研究，会随着语言自身的发展变化、人们对语言认识的深化，以及不同时期、不同学派的看法的变化等，不断注入新的思想、产生新的变化。也正是因为这样，人们至今没有对语言形成一个清晰而公认的定义。

古今中外，很多语言学家都对语言学进行了相关的研究。通过对这些研究成果进行综合分析，可以对语言从属性上进行一个定义：语言是一种特殊的社会现象，是人类特有的、最重要的交际工具、思维工具和文化载体，是一套音义结合的符号系统。

这个定义可以从以下四个方面来进行分析。

（1）语言是由词汇和语法构成的一个符号系统，在它的组成部分中，每个成分都是由声音和意义两个方面共同组成的。

（2）语言是人类独有的，其他动物没有语言，它们的交际方式与人类的语言有着本质的区别。

（3）语言不是社会现象，是自然现象，有其自身的特殊性。

（4）语言是人类的交际和思维活动离不开的重要工具和载体，同时，用于交际和思维活动也是语言的基本功能。

（二）语言的功能分析

1. 信息传递功能

语言的功能是客观存在的。功能既是语言的属性，也是人们认识语言的一个视角。语言的功能是多方面的，如果从宽泛的意义上讲，大致都可归入语言的社会功能和思维功能两个方面。

语言是一种社会现象，和人类社会有紧密的联系。所谓"社会"就是指生活在一个共同的地域中、说同一种语言、有共同的风俗习惯和文化传统的人类共同体。每一个社会都必须有自己的语言，因为，语言是组成社会的一个不可缺少的因素。人与人之间的联系得靠语言来维持。没有语言，人与人之间的联系就会中断，社会就会解体。

语言的社会功能中最基本的是信息传递功能。这一功能体现在语言上就是内容的表达。信息的传递是社会中人与人交流的基本方式。通过信息的交流，人们才可以在社会中彼此分享各自的经验感知，更好地分工协作。与其他某些具有一定社会性的动物群体相比较，人类语言的信息传递功能极其卓越。语言所能传递的信息可以没有穷尽，信息内容可以跨越时空。无论多么丰富的信息，都可借助语言的形式传递给他人。从古至今，人类知识的积累，社会文明的进步，首先得益于信息的可传递性。人类社会能够建立起如此辉煌的文明，是以语言的信息传递功能为基础的。

在信息传递的过程中，人们也可以借助于语言之外的其他形式，比如，文字，旗语，信号灯，电报代码，数学符号，化学公式等等，都是传递某种信息的形式。这里，文字打破了语言交流中时间和空间的限制，在社会生活中起着重大作用，但是，语言是第一性的，文字是第二性的，文字是对语言的再编码系统，只有几千年的历史。在文字产生之前，语言早已存在，估计至少有几万年。今天世界上没有文字的语言仍然比有文字的语言多很多。旗语、电报代码等信息传递的形式，大多是对语言或文字的再编码，离开语言与文字，它们就不能独立存在，而且使用的领域也有很大的局限性，而语言的使用是全社会的。

2. 语言的人际互动功能

语言的社会功能的另一个重要方面是建立或保持某种社会关联，这可称为语言的人际互动功能。互动包括两个方面，一个是说话者在话语中表达自己的情感、态度、意图，另一方面这些又对听话者施加了影响，得到相应的语言或行动上的反馈，从而达到某种实际效果。说话者在把经验信息组织成话语形式传递给听话者时，已经不可避免地站在了说话者的立场上，具有一定的主观性。说话者在传递客观经验信息的同时，也在表达着主观的情感、态度和意图，寻求听话者的反馈。而听话者在接收说话者传递的客观经验信息的同时，也了解了说话者的主观情感态度，从而做出回应。这样语言就成为说话者和听话者间交际互动的工具。

3. 语言的思维功能

语言是社会现象，是社会的交际工具，同时也是心理现象，是人类思维的工具。思维功能是语言功能的另一重要方面。

思维和思想不同,思想是人们对现实世界的认识,思维是认识现实世界时的动脑筋的过程,也指动脑筋时进行比较、分析、综合以认识现实的能力。语言和思维形影相随,不可分离。

思维在传统上是哲学和逻辑学的概念。在现代科学中,它也属于心理学的范畴,同时也是认知神经科学的研究对象。逻辑学关注思维的基本形式,心理学关注思维的心理过程,认知神经科学关注思维的生理机制。无论是思维的形式、思维的过程还是思维的生理机制都和语言密切相关。

哲学中把思维看作是人类对客观事物间接的、概括的反映。人的感觉器官对外在事物直接的感觉和知觉属于感性认识,还算不上思维。思维是理性的认识。思维以感觉器官的感觉和知觉为基础,同时借助一定的知识和经验,可以概括事物的本质和内在联系。例如:一个苹果,人眼的视觉会感受它的色泽,手的触觉会感受到它表皮的温度和光滑度,口的味觉会感受它的味道,这些都是感性认识。当人综合这些感性认识,并且借助以往关于各种水果的经验知识,得出"这是苹果"的判断时,就经历了抽象思维的过程,达到了理性的认识。在这一过程中人离不开语言。语言是思维活动的动因和载体,是思维成果的贮存所。逻辑学把概念、判断和推理看作思维的基本形式。这些思维的基本形式都要依靠语言。概念表达要依托词语,判断和推理要在话语中实现。即使使用像数学符号那样的表达形式,也是以语言为基础的。传统的哲学和逻辑学一直都把语言看作思维研究的重要途径。

从心理学的角度看,思维是知识的认知、获取和运用的过程,是一个信息加工的过程。人际交往中,信息的传递是社会现象。但信息的生成和理解过程是在人的大脑中进行的,是心理的思维过程。客观的现实通过认知转化为主观化的信息必须有一套符号。而符号的使用又使主观信息具有了客观存在的物质载体。图形、图像、身体动作等视觉形象都可作为符号。有研究表明,视觉符号在人类思维中起着相当重要的作用。但人类使用的最基本最重要的符号是语言,语言符号帮助人达成对外界的认知,储存认知的成果,并且发展人的认知能力。

认知神经科学的研究成果证明,思维作为人脑的活动,具有大脑神经生理的基础。大脑中有专门控制语言功能的区域,和人的抽象思维能力密切相关。目前新兴的认知神经语言学就是综合了语言学、认知心理学和神经生理学的成果,专门探求语言、思维和大脑神经网络之间关系的一门交叉学科。语言和思维的密切关系得到了越来越多的科学的验证,语言的思维功能是语言研究的重要课题。

二、语言学

语言学是研究语言的本质、结构和发展规律的科学。现代语言学揭示了人类语言的深层结构，对语言和语言交际做出了客观、科学的描述。

(一) 语言学的分类

按照不同的分类标准，语言学会有不同的分类结果。

1. 根据研究方法划分

根据研究方法的不同，语言学可分为历时语言学和共时语言学，二者是由索绪尔提出的。

历时语言学主要研究语言随着时间的前进而产生的发展和演变，是动态的、不稳定的；共时语言学主要研究在某一个特定时段下语言的状态，是静态的、稳定的。语言学家对语言进行静态研究时也要考虑到历史的演变，也就是说，共时语言学的背后有历时语言学的影子。若要将语言放在历史演变的角度下进行动态研究，就需要知道语言在一个共时平面下的状态，即历时语言学需要共时语言学提供素材，需要研究共时语言学中存在的现象。遗憾的是，很多语言学资料被淹没在了历史的长河中，后辈们需要运用一定的技能和特别的方法才能推断出这些语言资料的来龙去脉。因此，历时语言学与共时语言学相互联系、相互制约。单单从共时的角度或者历时的角度看，很难看到语言的全貌，也就难以发现语言发展变化的规律性，所以需要将两种研究相互结合。

2. 根据研究范畴划分

根据研究范畴的不同，语言学分为微观语言学与宏观语言学。

微观语言学研究语言系统内部的具体问题，如语音系统、语法范畴、语义系统等，因而从微观的角度可以把语音分为发声语音学、听觉语音学和声学语音学。与之对应的是，宏观语言学是研究如何建构人类语言的系统模型，从而解释语言的运行机制。人类语言学、社会语言学、心理语言学和计算语言学等都属于宏观语言学。其中，人类语言学始于20世纪初期，是凭借语言学和人类学的研究方法，研究语言结构和社会文化结构之间的关系。社会语言学是指运用语言学和社会学的研究方法，从社会科学的不同角度探索语言的社会本质的一门学科。心理语言学是研究语言交际和人类心理活动的学科，它涉及如何运用语言系统以及为了运用该系统需要的知识储备。计算语言学是研究如何运用计算机技术来分析、处理人类社会中自然形成的语言的一门学科。

3. 根据研究范围划分

根据研究范围划分，语言学分为个别语言学和普通语言学。个别语言学是对某一个具体语言进行研究，如对英语进行研究的语言学叫作英语语言学，对日语进行研究的语言学叫作日语语言学。

普通语言学是对人类语言的共性进行研究。普通语言学可以指导个别语言学的研究，而个别语言学的详细研究又为普通语言学提供了丰富的理论素材。

4. 根据研究层面划分

理论语言学和应用语言学是相互对应的一组概念。语言研究有多种范畴，有理论层面的，也有应用层面的。

理论语言学主要侧重在发现语言现象背后的一般规律，从而揭示语言发展变化的机制。理论语言学关注的是语言的内部结构。理论语言学包括普通语言学、语言哲学等。

应用语言学是研究如何将语言运用到实际生活的方方面面。应用语言学关注的是语言的应用问题，如语言教学法的问题、语言与社会的关系问题、语言政策的问题等。应用语言学包括计算语言学、神经语言学、教育语言学等。

(二) 语言学的研究范围

1. 内部语言学

内部语言学研究言语体系中语言的组织以及语言的内在系统。比如，横向组合关系、关联聚合关系等。它的研究对象是一个整体，遵循严密的、同质的分类原则。

目前对内部语言学的研究主要分为语音、语义、语汇、语法等几个研究部分。比如说，可以从共时的角度对这些部分进行描写，描写它们在某一时期断代的情况，或者是从历时的角度来探索它们的历史演变过程，或者是进行一定范围内的语际间的比较，从而探索分析史前的演变过程。通过这些研究，我们可以了解到语言各要素演变的规律和方式，有助于我们进一步理解和认识语言。

内部语言学的研究范围相对于外部语言学来说是狭窄的，语言学的核心当然是"本体语言学"，即研究语言的语音、语汇、语法结构，研究语言的演变规律，研究语言之间的共性和语言的类型等，这些研究是语言学的基础，但是这些研究是远远不够的，语言系统的产生、演变和发展无不和语言之外的许多其他因素有着互动的关系。

2. 外部语言学

外部语言学又称宏观语言学，指与语言学相关的边缘学科，如社会语言学、心理语言学、文化语言学、人类语言学、地理语言学、神经语言学、实验语言学、计算语言学等。

语言学的传统伙伴绝大多数是人文科学，包括文学、社会学、历史学、地理学、考古学、心理学、哲学、逻辑学等。语言学和人文科学结合产生了许多交叉学科，如文化语言学、人类语言学、地理语言学；语言学和社会科学结合产生了社会语言学、法律语言学、政治语言学、伦理语言学、商业语言学等，这些交叉学科赋予了语言学新的生命力。而今，语言学的关系网又在向科技方向拓展，其又与数学、信息论、电子学、医学、符号学、情报学、通信技术、计算机科学、自动化技术等产生了密切的联系。

（三）语言学的作用

语言学理论是人们经过对语言的分析研究而形成的对语言性质、功能、结构的系统认识。理论的作用在于指导实践，语言学的作用就体现在以下几个方面。

（1）指导我们学习语言、运用语言和研究语言。在学习一门新的语言时，语言学理论可帮助人们掌握规律，举一反三，触类旁通。即使是已经熟练掌握了的语言，人们在应用时，让然会有使用效果和水平上的不同，而语言学理论可指导人们精确、恰当地发出或选择接收言语信息。（2）提高对语言作品的分析和鉴赏能力。语言学可帮助人们在较高层次上来理解文学作品。（3）有利于科学技术的现代化。语言作为传递信息最重要的载体，在推动科学技术实现现代化的过程中发挥重要作用。计算机对自然语言的处理，已成为全球最热门的课题之一，要在这方面有所开拓、有所前进，也有赖于语言学提供理论指导和科学方法。

（四）语言学与其他学科的关系

语言现象十分复杂，语言学家对语言性质的解释各不相同。随着语言学家们对语言学研究的深度和广度不断增加，语言学已经逐渐跳出了语言的框架，而与其他学科表现出一定的渗透和结合。认知科学、信息科学、教育学和社会科学是和语言学联系较为紧密的学科。

1. 语言学和认知科学

语言是一种心理符号，因此它与人的心智开发有密切联系。而认知科学就是研究人脑或心智工作机制的一门新兴学科，所以语言其实是认知科学探索的重要内容。如果不和认知科学相结合，就无法对语言学进行深入研究。因此语言学和认知科学的交叉形成了认知语言学，它认为语言必须从心智层面进行解释。由此可见，认知语言学的存在是必然而且合理的。

2. 语言学和信息科学

语言是人类的交际工具，它携带着诸多信息。而信息科学是研究信息的获取、传递、加工及应用的一门综合性科学,因此,语言如何传递信息、使用不同语言的人们如何进行互动交流、智能化的机器如何与人类沟通、人类如何传递有效信息等一系列问题无疑带给语言学家和信息科学家大量的思考。机器翻译技术、人工智能技术、语言信息处理技术、网络与多媒体技术等正成为人们研究的问题。随着社会文明程度的提高,语言学与信息科学的结合将指日可待。

3. 语言学与教育学

关于语言是如何产生、发展和运行的,语言学界仍存在着不同结论。语言教学工作者一直在思考的问题是:语言教学到底该如何开展?无论是语言的先天主义者还是后天主义者,都不得不承认第一语言和第二语言的学习都是一个循序渐进的过程。因此,作为语言教学工作者,必须既要了解语言运行的普遍规律,掌握人类发展阶段的规律性,才能有的放矢,选择科学合理的语言教学方法相应地,也就出现了语言学习理论和教学理论的研究,如外语教学法、二语习得等。

4. 语言学与社会科学

社会科学是对人类社会中各种现象、问题进行研究的一门科学。语言作为交际工具,具有社会属性。所以,研究语言离不开社会科学的支持。社会科学包含的范围很广,有经济学、法学、伦理学、政治学、历史学、心理学、教育学、管理学、社会学、新闻学等,因此才有社会语言学、心理语言学的存在。社会语言学是从不同的社会角度去研究语言的运行和应用规律的学科,既要运用社会科学的研究方法,又要运用语言学的研究方法。

第二节 大学英语教学概述

一、大学英语教学的原则

(一) 以学生为中心的原则

以学生为中心原则是英语教学的首要原则。以学生为中心的理论来源于美国教育学家杜威的儿童中心论。尊重人类自由的天性,遵循教育的自然规律对儿童的成长和发展具有重要的作用。将儿童中心论的观点引入英语教学,就是要求尊重学生的主体地位，遵循学生学习的自然规律。换句话说，教师要将自己的教建立在学生的学基础之上，心里时时刻刻装着学生，想着学生的需求，一切工作围绕学生的学习进行。教师必须在充分了解和分析学生心理与需求的基础上，安排和调整好自己的教学策略和步骤，以适应学生的需要。具体地说，要想做到以学生为中心，教师需要在以下几个方面做出努力。

1. 制定合理的教学方案

教学方案是教学活动顺利进行的基础，包括英语教学目标、教学任务、教学计划、评定方法等方案。教师必须根据学生的语言接受水平和语言运用能力来制定合理的教学方案。

2. 仔细分析教材

教师在对教材进行分析时，应对教学内容进行充分的理解和把握，根据学生所处的不同阶段的实际情况与学生的学习能力来调整教学目标和教学任务，根据学生的需求对教材内容和活动进行最优化处理，使得教材与学生的经验建立起联系，把教材内容变成问题的链接和师生对话的中介。

3. 认真备课

备课工作需要建立在对教材认真分析的基础上。教师在备课时要充分考虑学生的实际情况。具体来说，包括以下几点：

（1）在教学活动设计中，教师应通过座谈、课堂提问、作业、测试等多种方式了解学生目前的学习状况，并以此作为备课的根据。

（2）教师还应该根据学生的学习水平、学习方法、学习风格、学习态度、接受能力等来设计和调整教学活动。

（3）教师在备课中要发散思维，善于换位思考，并具有对教学活动的预测能力，这样才能有效地达到教学目标。

总之，教师的教学准备及教学活动设计都要从学生的角度出发，让绝大多数学生参与进来，努力让学生成为课堂教学活动的主体。

4. 选择适合的教学方法和手段

以学生为中心的原则要求根据学生的特点，灵活运用各种教学方法和手段。形象化教学手段可以适用于学生的直觉思维特征。选择能激发学生学习兴趣和好奇心的媒体，如幻灯、投影、模型、录音等，使他们能出于个人需求积极主动地参与课堂学习，比较自然地感知语言。直观的教学方法有助于学生直接感受和理解语言，通过视听说加深印象，强化记忆，激发学生参与的兴趣。此外，教师还应善于利用课堂空间设置场景，调动学生参与课堂活动的主观能动性。

5. 充分重视教师自身的引导地位

强调以学生为中心原则绝对不是否定和排斥教师在教学过程中的重要作用。在以学生为中心的教学模式中,教师甚至发挥着比在传统教学中更为重要的作用,也需要付出更为艰辛的劳动。这是因为,在以学生为中心的教学过程中,教师是教学的主导,其主要作用在于帮助学生加速学习进程。在学生遇到困难的时候,教师必须及时、负责地给予帮助,使得学生的困难得到及时解决;当学生面对困难不知所措时,教师要及时引导,使学生找到解决的办法;看到学生愿意接受学习任务且跃跃欲试时,教师应该给予学生锻炼的机会;看到学生的学习情绪不高时,教师要及时给予鼓励,提高学生的学习热情;学生在学习上取得成绩时,教师要及时提出更高的要求,使学生始终保持学习的动力,不断努力。

(二) 发展性原则

所谓发展性原则,就是要保证所有学生的智力和非智力因素都得到发展。发展所有学生的智力因素与非智力因素是衡量教学效果的重要标准。高校英语教学过程既是学生认知、技能与情感交互发展的过程,又是生命整体的活动过程。因此,学生的发展可以看成一个生命整体的成长,并且这个发展过程既有内在的和谐性,又有外在能力的多样性以及身心发展的统一性。要实现英语教学的发展性,需要做到下面三点。

1. 教师要关注每个学生的成长,以保证所有学生都得到发展;

2. 充分挖掘课堂存在的智力和非智力资源,并合理、有机地实施教学,使之成为促进学生发展有利资源;

3. 为学生设计一些对智慧和意志有挑战性的教学情境,激发他们的探索和实践精神,使教学充满激情和生命气息。

(三) 注重学生兴趣的调动

1. 尊重并了解学生

学生是学习的主体,是整个学习活动的重要参与者。到了大学阶段,学生已经形成了自己的人生观、价值观。在教学活动中教师应充分尊重学生的心理,从学生的需求出发去安排教学内容,不可以自己的经验为准绳为学生规定一些强制学习的内容和任务。大学阶段是英语学习的高级阶段,在初级阶段,学生的自制能力较差,需要在教师的监督和指导下才能顺利完成学习任务。而大学阶段的学生具有一定的自我管理能力,能够对自己的学习负责,因此教师在教学中不要过多地干涉学生的学习,并应尊重并了解学生。

2. 防止死记硬背

交际实践是英语学习的高级阶段，教师应该在教学活动中为学生介绍一些有效的英语学习策略，以便于学生对知识的记忆和理解。教师在教学中应科学地设计教学过程，教学过程中应尽量创设真实的情境，使学生在真实的情境中习得并内化知识。

3. 增强交流

在大学班级中，学生都来自不同的地区，学生的性格以及习惯等都有所差异，教师作为教学活动的主要组织者应对学生一视同仁。教师应通过各种不同的活动来与学生交流，了解学生，与学生建立良好的关系。实践表明，学生对于课程的喜爱程度与教师存在着密切的关系。教师性格活泼，且富有幽默感，就会影响学生，使学生愿意与教师接近，学生也会因为喜欢某个教师而喜爱上他（她）教的课程。也就是说，学生对英语的态度在很大程度上受到其对英语教师态度的影响。

（四）真实性原则

学生学习的最终目的是为了交际，那么所学的教材内容自然要尽量遵循真实性原则。在遵循真实性原则时应注意以下几个问题：

1. 采用语用真实的教学内容

教学内容不仅仅包括课文内容，还包括例句，课内外训练材料和练习等所有提供给学生学习的材料。真实的材料可以让学生接触到真实、自然、地道的语言，了解交际话语和相关背景文化，并能在课堂活动和社会交际之间建立起联系，从而领会到所学内容的语言材料就是现实生活中可能发生的语言交际。因此，英语教师在开始教学前应从语用的角度认真分析课文，不仅要分析课文语句的结构意义，更要着重把握语句的语用意义。

2. 计划或组织语用真实的课堂教学活动

英语课堂教学是通过一系列的课堂教学活动来完成的。尤其是在大学英语基础阶段，呈现、讲解、例释、训练、巩固等课堂活动都要与语用能力培养密切相关。对学生能力的培养要贯穿于英语教学的全过程，融于各环节的学习和训练之中。在这些教学活动中，教师要基于语用真实的指导思想来设计和组织教学活动。

3. 努力做到学习环境的真实性

在中国，学生学习英语主要是通过课堂教学进行的。教室本身就是一个真实的学习与交流场所，它能不能充分发挥应有的作用，就在于教师是否能在课堂教学过程中营造有利于学生学习的环境。教师可以充分开发课堂教学的潜力，结合学生的实际生活，设计各种让学生感兴趣的活动，将枯燥的教师"一言堂"转变为师生共同交流、互相学习的场所。

4. 编排语用真实的教学检测评估方案

对于教学来说，教学检测评估起着很大的反馈作用。通过设计编排语用真实的教学检测评估，可以发现学生的语用能力还存在哪些不足之处，从而调整教学，特别是对学生语用能力培养方面的教学，能起到更直接、快捷、有效培养学生运用英语能力的作用。教学检测评估既要符合测试的基本原理，更要注重测试运用能力；不仅要语意真实，也必须语用真实。否则就会误导教学，弱化学生运用英语能力的培养。

二、大学英语教学的特征

对英语教学特征的理论研究，有助于人们全面认识英语教学的外部表现。笔者认为，英语教学的基本特征主要表现在以下几个方面。

(一) 科学性

英语教学必须符合教育理论的要求，体现教育理论的指导性。英语教学的效果取决于教师对教育学、心理学、生理学、语言学、哲学、美学、学科教学论等的掌握水平和运用能力。基于此，英语教师应能熟悉并驾驭英语学科的知识结构、体系、内容，从而使教学与学生的认知结构产生沟通，以便帮助学生进行各种形式的有意义的学习，扩大并深化学生固有的认知结构。

科学性还体现在教学内容的准确性上。目前，有的教师无法全面掌握英语学科的知识体系，这样英语教学就难以获得应有的效果。另外，不少学生感到英语枯燥难学，有的甚至放弃不学，在这种情况下，英语教师更应该注意英语教学的科学性。

(二) 实践性

英语教学具有实践性的特点。因为整个教学过程都是与教学实践紧密联系的，英语教师只有取得了丰富的实践经验，才能使英语教学既符合教学规律，又符合师生的个性特长和心理特点。所以说，英语教学是实践性非常鲜明的艺术。

教师英语教学的水平是在教学实践中不断提高的。离开了教学实践，英语教学就成了无源之水、无本之木。课堂乃是永恒的教学艺术实验室，而真正意义上的教学艺术，只有那些在教学第一线上坚持不懈地进行实践探索的教师才能创造出来，也只有他们才有可能摘取教学艺术家的光荣桂冠。可见，英语教学的实践性是个非常重要的特点，是不能忽视的。每个英语教师都应注意在英语教学实践中提高自身的教学水平。

(三) 创造性

教师必须有独创性，创造性乃是教学艺术的又一大特点。因为艺术的生命在于创造，英语教学艺术也不例外。英语教学有新意才能吸引学生的注意力，激发其积极性。

在很长一段时间之内，英语教学曾受应试教育所累，"灌输式"的教学模式取代了教学中的艺术创造，这在极大程度上扼杀了教师教学的个性化、风格化和多元化。课堂上机械的语言知识训练代替了生动活泼的听说读写运用能力的培养，很明显，这极大地束缚了学生的思维和发展。

因此，英语教学必须要具有创造性。创造性教学是以创造学、创造心理学和创造教育学的基本原理为指导，运用科学的教学方法和教学途径，在传授知识、发展智能的同时培养创造性、开发创造力的教学。英语教师为了要完成英语教学创造活动，必须要审视自己的课堂行为。英语教师在课堂教学中的行为，如同演员在舞台上的表演，是一切外观行为的综合表演，即教师的衣着打扮、表情态度、身姿动作、实验操作、口语板书等。教师讲台形象自我塑造得如何，直接影响到课堂教学艺术的效果。英语教师的表演生动形象，可以丰富学生的感知表象，促进学生的理解和思维。

教师的表演，关键要能动情感人。这就要求教师首先对教学内容有深刻的情感体验。对教学对象有深厚的热爱之情，才能在教学表演中进入角色，进而产生"移情"效果。但要注意的是，表演要适度，做到质朴自然，毫不矫揉造作，恰到好处。

教师的教学表演还应注意与其学生的密切配合，要面向全体学生，采取学生可接受的方式，考虑不同年龄学生的特征。教师要始终抓住学生的注意力，首先自己就得精神饱满，注意力集中。因为学生不仅是教学活动的鉴赏家，而且也是教学活动的参与者，所以有时教师还不能只当演员，更应作为导演，给学生较多的表现机会，让学生参与到英语教学创造活动中来，使师生双方都可以在教室这个舞台上共同演出精彩的剧目。

(四) 审美性

教学追求美、创造美，审美性也就成为教学艺术的一大特色。英语教师要把仪表美、教态美、语言美、结构美、板书美、节奏美、结尾美等综合形成教学美，并将其提供给学生品味、欣赏，从而产生教学魅力。

英语教学的美是内在美与外在美的有机统一，是英语教师人格内化和教学美的物质外化，即"因于内"——体现在教学思想、德才学识上，"符于外"——体现在教师的风度、谈吐、举手投足、言传身教等方面，两者结合起来会对学生有迷人的吸引力，从而有利于提高英语教学的质量。

总之，英语教学的科学性、实践性、创造性和审美性特征，能够给目前的英语教学带来蓬勃生机和无限活力。

三、大学英语教学的基本方法

（一）语法翻译教学法

语法翻译法是一种传统的英语教学方法，注重与语法规则和词汇学习，从母语到目标语进行对应翻译，并且是以书面语言为中心，练习的方式以语法分析为主。这种方法的教学目标是培养学生正确、完整的语法知识体系，表现为阅读能力和书面表达能力。对于这种教学方法，尽管有各种批评的声音，但是它的优势并不能完全否认。事实上，比较第一语言和第二语言语法的结构特征有利于提高学习者的语法意识，并提高语言使用的正确性。

1. 教学模式及教学技巧

以这种教学法为基础形成的语言教学模式可以概括为：阅读—分析—翻译—讲解—背诵。课堂教学安排一般是先阅读文章，教师对课文以及句型进行语法分析，之后逐句翻译、讲解。分析和讲解主要围绕着句子的结构、复杂的语法现象以及两种语言的互译进行。最后要求学生背诵有关的段落，熟记所学的词汇和语法规则。以上五个教学步骤在这种类型的课上不断地重复，体现着语法翻译教学法的基本特征。以语法翻译教学法建立起来的英语教学模式有效地保证了语法和翻译的教学实践。

语法翻译法应用于英语教学中，应注意把握以下技巧：

（1）阅读的文章应当来源于文学作品或语法结构和词汇严谨的文章。
（2）翻译文学作品应包含语法规则。
（3）对比目标语和母语，通过反义词、同义词比较两种语言的结构相似性。
（4）通过演绎法来学习语法。
（5）记忆双语词汇表和语法规则。
（6）做书面练习，通过填空，使用新词造句或写作。

2. 考试形式

语法翻译教学法提倡的是对原文的书面理解，强调的是两种语言书面形式的互译。因此，考试形式自然是目的语和母语的互译，强调意义的准确和语言的流畅。这种翻译考试形式在今天的考试中依然较为流行，因为它能够准确地判断出学习者是否真正掌握了目的语的规则以及理解了目的语的意义。

3. 学习方式

学习者形成了熟背单词和规则的习惯；以语法规则为准绳，分析课文中的每一个语法现象；以母语为基础，理解课文内容。

它对英语教学理论认识所产生的影响可概括为以下四个方面：词汇是语言的核心，语言教学的重心在词汇教学；语法是英语教学之"纲"，语言教学的方式和教学内容需围绕这一中心展开；翻译是英语教学的主要手段，语言教学实际上是两种语言的翻译活动，也就是通过翻译来学习英语；翻译教学法强调的是教师的主导作用，认为教师是教学活动的中心。教师的讲解与分析应该主导课堂。

（二）听说法

听说法是一种较为严谨的英语教学法，其教学理念和原则总是能够体现在教学过程中。教学过程可分为五个步骤。

1. 认知

教师借助实物、模型、图片等辅助手段，向学生发出语言信号，使学生把接收到的语言信号和实物联系起来，即把言语和它所表示的意思联系起来。

2. 模仿

在教学的初期，教师的主要作用是反复示范，学生的主要任务是准确模仿。

3. 重复

为了使学生准确地记住所学的语言材料，教师要让学生不断地重复操练、反复模仿，直到能背诵为止。

4. 变换

作过模仿记忆练习之后，学生可能已记住了所学的语言材料，但不会活用。为了培养学生活用的能力，要进行变换句子结构的练习。

5. 选择

让学生从已学过的语言材料中挑选出一些单词、短语和句型，用来描述特定的场面、情景或叙述一个事件，这类练习能培养学生的语言综合运用能力。

以上只是听说法的五个基本教学步骤，教师可根据学生和教材的实际情况灵活运用，不应绝对化。

听说法是历史的产物，其历史功绩是培养了大批掌握英语口语的人才，满足了当时社会的需要。听说法在教学实践中取得的良好效果给英语教学带来了深刻的变化。

(三) 任务教学法

任务型教学以具体的任务为学习动力和动机，以完成任务的过程为学习过程，以展示任务成果的方式来体现教学成就。也就是以任务为核心组织教学，在任务的履行过程中，以参与、体验、互动、交流、合作的学习方式，充分发挥学习者自身的认知能力，调动他们已有的目的语资源，是在实践中感知、认识、应用目的语的教学活动。它是强调在"做"中学、在"用"中学的一种有效的英语教学方法。这一教学法要求，教师在教学活动中，围绕特定的交际和语言项目，设计出具体的、具有可操作性的任务，学生通过表达、沟通、交涉、解释、询问等各种语言活动形式来完成任务，以达到学习和掌握语言的目的。

因此，无论从教学目标，还是从教学模式来看，任务型教学综合了传统教学法和交际教学法的优势，有其独特的吸引力。在任务型教学活动中，在教师的启发下，每个学生都有独立思考、积极参与的机会，易于保持学习的积极性，养成良好的学习习惯，并帮助学生获得终身学习的能力。

1. 教学步骤

任务型教学法主要包括如下几个环节。

（1）导入

这一环节主要是创设学习英语的氛围，吸引学生的注意力，教师可播放一些英文歌曲或者与英语相关的视频，通过这些形式导入要学习的内容。

（2）前任务

在这一环节中，教师要为学生呈现出学习任务所需的语言知识，介绍任务的要求和实施任务的步骤。

（3）任务环节

在这一环节中，教师可以给出多个小任务，让学生以个人或小组的形式，运用自己所学过的语言知识完成教师给出的各项任务，从而达到掌握知识的目的。

（4）后任务

该环节各小组要向全班展示任务结果，学生对这些任务结果进行评价，可以自评或小组互评，最后教师给出总的评价。

（5）作业

作为教学的最后环节，教师可根据课堂任务的内容布置相关练习，学生以个人或小组形式来完成练习。

2. 优点

（1）在任务型教学活动中，学生在教师的启发下，都有独立思考、积极参与的机会。如此便有利于保持学生对学习的积极性，养成良好的学习习惯，最终帮助学生获得终身学习的能力。

（2）该教学法中，活动内容信息量大、涉及面广，十分有利于学生拓宽自己的知识面。此外，在学生完成多种多样活动任务的同时，可以激发和保持学生的学习兴趣。

（3）在任务型教学中有大量的小组或双人活动，每个学生都有自己的任务要完成，教师可以更好地面向全体学生进行教学。此外，学生在活动中不仅能够学习到语言知识，而且培养了思考、决策、人际交往和应变能力，十分有利于学生的全面发展。

（4）这一教学法能够促进学生积极参与英语交流活动，从而启发他们的想象力和创造性思维，有利于发挥学生的主体性作用。同时，学生在完成任务的过程中，将语言知识和语言技能结合起来，有助于培养学生综合的语言运用能力。

由于任务型教学法的开放性以及自身的诸多优点，所以其在当前英语教学实践和研究中具有十分重要的地位。

（四）分级教学法

分级教学又称为"差异教学"或者"分层教学"，是当前大学英语教学的主要方法之一。分级教学法的理论基础是因材施教和i+1理论，这两大理论都是以学生为中心的。对分级教学法有科学的了解和把握，有助于优化师资力量、提高教学水平、调动学生的积极性和主动性。

分级教学的实施标志着我国大学英语教学从传统的教学模式向现代教学模式转变，充分体现了以学生为中心的教学理念。在具体的实施过程中，大学英语分级教学模式应注意科学合理地分级、提高分级区分度、尽量避免负面影响、贯彻好升降调整机制以及制订科学的评价标准。

（1）科学合理地分级。科学合理地分级对于分级教学来讲十分重要，因为它是分级教学最终能够实现良好的教学效果的关键和前提。为了实现分级的科学性，在实施分级时要遵循以下两点原则：一是统一考核分级与个人意愿相结合；二是考试结果与实际水平相结合。为做到统一考核分级的科学性，需要注意分级试题和标准的科学性。通常，教师应有层次、有计划地准备多套成熟的分级试题。

（2）提高分级区分度。一般情况下，分级分数线是根据考试成绩来设定的，如高考成绩或摸底成绩等，但是这样很难准确地测试出学生的实际英语水平。这是因为，学生对摸底考试的重视程度不同，所以导致的最终结果也存在明显的差异，甚至很多学生由于几分之差而落选高级班，这对于这些学生来说是不公平的，也就失去了分级教学的价值。为了使分级具有较高的区分度，可以让广大学生参与到分级之中，使学生从单向选择转向多向选择。具体做法是：刚开始以考试成绩作为参考进行摸底，但同时要公布不同级别学生的不同点，以及这些学生在听、说、读、写、译各层面上的最终目标和学习要求，由学生根据自己的学习情况来自动申请级别，最终再由学校进行考核。这种分级方式不仅可以调动学生的积极性，还可以增强学生的自觉意识。

（3）尽量避免负面影响。分级教学法是在管理方面、组织方面也存在不可避免的缺陷，如对学生的考勤情况难以操控、操作过程过于复杂、很难培养学生的归属感等。这些问题一定程度上对分级教学法的实施产生了一定影响。但是，要想建立起一套完整的教学法机制，就需要对这些问题予以正视，并努力制订完善的制度规范，从而避免这一教学法产生的负面影响，使分级教学法发挥最大的作用。

（4）贯彻好升降调整机制。所谓升降调整机制，是指按照考试成绩和学生自愿的原则，从一定范围内对学生的级别不断调整，使学生的级别能够随着学生成绩、对英语的学习兴趣等的变化而变化。简单来说，对于进步的学生安排升级，调动学生学习的积极性，也能为其他学生树立榜样；对于退步的学生安排降档，从而对其进行刺激，使这些学生不断努力来赶超前面的学生。

（五）折中法

当一种又一种新的教学法涌现的时候，许多学者选择了折中，因为折中从某方面讲体现了中国文化的智慧，即博采众长，根据某一阶段的教学目标灵活使用各种教学方法，这一方法一经提出，立即受到很多教师的欢迎。例如，长期以来，英语教学十分强调教师的作用，强调教师的课堂教学，形成了"教师中心说"，忽视了对学生学习规律的研究和探讨；后来，随着对学生这个学习主体的重视，有不少学者又认为学生在教学中占据着中心地位，又进一步形成了"学生中心说"，为了避免过分强调某一方面的教学要素，"折中说"便应运而生。折中说看似照顾周全，但是在采用折中法的实践中却出现了新的问题，那就是折中法一方面成了教学万能钥匙，另一方面又成了无所不包的大杂烩，很多实践课跟着感觉走，经验主义主宰了整个教学，使教学重新回归到了传统教学法的老路上。因此，亦有学者撰文指出这种片面地只强调某个教学要素的教学理念，如"教师中心说""学生中心说"以及后来的"折中说"都或多或少地妨碍了教学效果①。在大学英语教学中也出现了同样的情况。

反观教学法历史，可以从两个方面来理解看待这些教学法，以语法翻译法、直接法和听说法为代表的传统教学法虽然着重点不一，但都是从教师的角度出发，从语言内部结构的某一方面来认识语言和处理语言教学的；而以认知法和交际法为代表的教学法都是从学生的角度出发，以心理语言学和社会语言学对语言本质的认识为基础，注重培养学生的思维、情感心态以及语言交际能力。

正是由于作为语言教学基础的语言学、应用语言学、认知科学等相关学科理论的纵深发展，人们对语言教学的认识也才不断加深和丰富起来。语言观的多元性必然导致对语言教学的多维认识；社会语言学、功能语言学和认知语言学的新成果对传统语言教学思想也形成新的挑战，为探索英语教学的规律提供了新视角。在这种背景下，认知派和社会派产生了一些分歧（表1-1）。②

表1-1 认知派和社会派的分歧

	认知派	社会派
语言观	语言是心理现象，由抽象规则组成，存在于个体大脑中	语言是社会现象，与文化混为一体，无法分割，存在于人们交往活动中
学习观	学习者将输入有选择地整合到已有的知识体系中，通过不断输出，逐步将陈述性知识转化为程序性知识	学习者运用语言参与社会交际活动，获得语言、文化知识，转而成为个人脑内活动的材料
研究对象	研究语言习得，不研究运用，研究的焦点是学习者大脑中抽象的语言体系特征及其变化情况	研究语言运用，主张语言习得与运用为连续体，无法分割，研究的焦点是以语言为中介的社会交际活动成功的特点
研究方法	从客位角度描述，采用量化法，强调客观性、公正性，反对掺杂研究者的个人观点	从主位角度描述，多采用质化法，强调研究者与被研究者的互动，要求研究者能够从被研究者的角度理解、阐述社会交际事件
哲学倾向	主张现代派观点，相信人与社会可以分为两个实体，语言与文化可以分割成两个独立的抽象体系	坚持后现代派观点，相信人与社会、语言与文化融为一体，不可分割

---

① 谭春. 外语课堂教学"中心"之辩：反思与建议 [J]. 外语教学理论与实践, 2009 (1).
② 文秋芳. 评析二语习得认知派与社会派20年的论战 [J]. 中国外语, 2008 (3).

不难看出，是立足点的不同造就了不同的教学法，而每一种教学法都有其一定的科学性，每一种教学法都有其优势的一面和劣势的一面。所谓传统和现代教学法只不过是在教师与学生、知识与能力、课堂内与课堂外等关系上给予不同的对待罢了。无论是教师为中心还是学生为中心，甚至是折中，师生关系都是教学的重要组成部分，在教学中也没有古板的、一成不变的师生关系，即使在一定教学法主导下的师生关系也会随着具体课堂教学的组织实施发展引起相应的变化。至于知识与能力的关系，首先要确定的是它们二者之间并不矛盾，反而是相辅相成的。知识可以转化为能力，而能力又进一步促进了知识的汲取。教师传授学生知识与培养学生的应用能力是一体的，只有把教授的知识通过锻炼不断使知识内化为学生的能力，才真正达到了教学的终极目标；同样，培养学生自主学习能力并使其获得不断汲取知识的能力也是教学的终极目标。好的老师给学生讲授，更好的教师向学生解释，而最好的教师却是激励学生自己去探究，因为课堂内的时间终归是有限的，课堂外的时间却是无限的，一名优秀的教师会充分利用课堂内的时间来激励学生利用课堂外的时间探索知识、培养能力。

其实，教学法本身并没有错，错的是使用教学法的人，在错误的时间和地点选择了不正确的教学手段。每一种教学法都有其一定的科学性，只要运用得当，都会对教学产生良好的效果。

第三节　语言学与大学英语教学研究

语言学作为一门独立的学科，它又可以分为许多其他的分支，如语音学、音位学、构词法、语义学、语用学等，将这些语言学学科的知识运用到英语教学中，有助于教师的教和学生的学。

一、语音学知识在英语教学中的运用

学生在进行英语语音课的学习使，应在以下几个方面做出必要的努力：掌握英语44个音素的发音；了解英语的音节结构，掌握不同音素组合的发音；正确地把握词与词之间的过渡，使同一意群的词连贯和流畅地联接起来；掌握每个多音节词的重音模式；熟悉并会使用单词的重读式和弱读式；正确地把握句子重音；掌握正确的话语节奏规律；正确、得体地使用语调；通过使用正确

的语音语调达到交际的目的。

语音学知识在英语教学中的运用,教师可采用的教学方法为:以学生的大量实践与网上自主学习为主导,辅以教师的理论引导与指点,练习则从听辨入手、听与说的训练齐头并进,从而帮助学生实现英语语音体系的构建,使其学会使用英语语音语调,并可以进行有效的交际。

二、音位学知识在英语教学中的运用

音位学,主要回答以下三个基本问题:语言采用哪些音位来区别意义?音位在一定的环境中可能发生什么样的变化?音位是如何组合和排列的?通过对这三个问题进行探究,笔者认为,在英语教学中可以进行音位、音位变体、对立分布、互补分布、自由变体等方面的教学。

三、构词法知识在英语教学中的运用

英语构词法包括很多种:造词法、派生法、复合法、截短法、缩合法、借词法、逆向构词法、首字母缩略法等。运用构词法进行英语教学,可以大大地扩展学生的词汇量,激发学生背单词的积极性,同时也可使其对英语单词的理解更加深刻。构词法作为英语语言学的一部分,在英语教学中发挥着不可或缺的作用。

四、语义学知识在英语教学中的运用

语义学作为英语语言学的一个分支,其语义关系对于英语教学有很大的辅助作用。语义关系包括:同义关系、反义关系、上下义关系、原型、一词多义、同音异义、同形异义、转喻等。正确理解英语语言学中的语义关系,有利于学生体会英语学习的乐趣,从而使其可以更加轻松愉、快地学习英语。

五、语用学知识在英语教学中的运用

语用学是指语言在特定语境下的运用,它包括言语行为理论、语用原则、指示预设、会话含义、语境篇章、关联与顺应等。教师利用语用学相关知识来进行英语教学,可以帮助学生在不同情境下更好地运用英语语言,从而使其语言表达更加地道、合理。

第二章　认知语言学与大学英语教学融合探索

认知是人类的重要机能之一,其运作主要是基于人类的思维。人类通过自身思维的发展开始创造和使用语言进行交际,从这个意义上说,认知与语言有着密切的联系。具体来说,认知作用于语言,从而促进语言形式的完善与发展。而语言的发展又会带动人类认知的提升。认知语言学就是通过认知的角度对语言进行研究的学科。英语专业教学是培养英语人才的主要途径,其对社会的整体发展有着积极的贡献。但是,在经济全球化和区域一体化的带动下,社会对英语人才的要求有所提升,需要人才具有高度的实用性与创新性。将认知语言学理论应用到英语专业教学中,能够使教师和学生了解人类语言的形成与发展机制,从而优化教学路径,提高学习效率。本章主要论述了认知语言学与大学英语教学的融合。

第一节　语言与认知

基于人的认知这一维度对人的存在方式——语言进行研究也是一种行之有效的方式和途径。尽管"认知"这一名词早在20世纪70年代后就伴随着"认知科学""认知语言学"等的发展从西方传入我国,然后慢慢地被我国的诸多语言学专家和学者接受并使用。

一、认知概述

(一)认知的含义

从心理学角度来看,认知(Cognition)是指个人的心理过程或者知识的能力，包括知觉、意识、判断和推理等，并与情感、意志相对应。认知语言学关于认知的定义主要有五种认识。(1) 认知是信息加工。(2) 认知是心理上的符号运算。(3) 认知是解决问题。(4) 认知是思维。(5) 认知是包含感知觉、记忆、想象、概念形成、范畴化、判断、推理、思维及语言运用在内的一组能动的活动。

(1)(2) 属于"信息加工论"，把人脑等同于电脑，但这与认知语言学关于认知的理解并不相符。(3)(4) 指出了认知的核心在于思维。(5) 是广义认知语言学关于认知的理解。

认知语言学中的认知是广义的，它指的是大脑对客观世界及其关系进行梳理从而能动地认识世界的过程，是通过心智活动将对客观世界的经验进行组织，将其概念化和结构化的过程。

汉语中的"认识"和"认知"这些概念是由英语中的 cognition 一词翻译来的。尽管国内关于认知的相关研究起步比较晚，但是在国内的一些权威出版中，也有很多关于"认知"一词的解释。

(二) 认知的要素

通常情况下，认知涉及以下两大基本构成要素：动觉图式和基本范畴。

以上这两大要素都是人和客观现实世界在互动的过程中产生的，并且能够被直接理解，其他概念、范畴就要依靠隐喻机制等间接的方式来加以理解。当然，认知并不仅仅单纯地涉及动觉图式以及基本范畴这两大要素。除了这两个基本要素外。认知还包括另外一个非常重要的成分，即语言。并且认知和语言两者间存在着密切的关系，两者如影随形、不可分离。语言理解与运用的过程事实上就是认知处理的这一过程。语言是对客观世界进行互动体验和认知加工的结果，由于对认识活动本身进行直接观察很有难度，因而语言就成为观察与研究认知的一个非常重要的突破口，进而就形成了"现实—认知—语言—研究认知"这一模式。

(三) 认知的影响因素

认知是影响个体心理健康水平和幸福感的重要因素。对于同样的外界刺激，不同的人会由于个体先天的差异，以及后天的成长环境不同等诸多因素，产生不同的心理体验和情绪反应，这在很大程度上是由于他们对该刺激的认知存在差异。可以说，一个人在精神上是苦还是乐，既与他遇到什么事有关，更与他怎样对待这些事有关。心理卫生学家认为，片面、错误的认知方式和非理性观念，往往是个体产生抑郁、自卑、焦虑、恐惧、痛苦等不良情绪的根本原因，是心理健康和心理发展的大敌之一。影响认知的因素有很多，认知者的性格、需要、心理以及环境都可能对认知产生巨大的影响。

1. 认知者的因素

不同的认知者有其自身的特点，由于每个人的经历、生活方式、文化背景以及个人的需要等方面不同，构成了认知者本身已有的心理结构不同，这样，对同一个社会刺激就会发生不同的认知结果。

（1）性格因素。个体之间存在性格方面的差异，而性格差异会导致认知结果出现差异。例如，自信心强的人相信自己的能力，所以，他们对赞扬自己的声音有很强的选择性。与其相反，自信心弱的人则往往因服从权威而使认知活动受到暗示，这就是性格对认知的影响之一。一个性格外向开朗的人，对他人动作和言语的认知，往往从最直接的角度加以判断；一个具有内倾性格的人，判断与他交往的对方，总是以自己内倾性格去看待对方。

（2）经验及知识背景。一个人的认知受其过去的经验，以及知识背景影响。认知者的经验不同，看问题的角度就会有所不同；当面对同一外界事物的刺激时，便会产生不同的认知内容。例如，对一处景点的认知，艺术家侧重注意其外观、形状等；地理学家则可能侧重于考察它的地理位置；历史学家则侧重于研究这里发生过哪些历史事件。个人经历也影响着人们的认知结果，所谓"一朝被蛇咬，十年怕井绳"就是这个道理。各人的经验不同，其认知结构也不同。年龄小的人具有简单的认知结构，认知他人时往往用两分法，或好人或坏人；成熟的人具有复杂的认知结构，可以看到该认知对象的多样性和复杂性，既能看到他积极品质的一面，又能看到他消极品质的一面。

（3）认知者的需求。根据认知者的不同需求，其考虑的角度和侧重点也会有所不同，则认知结果亦不相同。

2. 认知对象的因素

认知对象的特点是指对象对于认知者的价值及其社会意义的大小。一个人的外表特征、行为反应以及个性中包含的实际意义，都是认知的重要信息。

3. 情境因素

认知过程必须置：身于现场情境，认知离不开一定的社会背景，不同情境下的认知会存在差异。通常情况下，人们都是通过分析当时的情境来认知社会中他人行为的善恶与是非。同一行为在不同情境中发生，得到的认知结果会有所不同。

二、语言与认知的关系

语言和认知密切联系是将认知语言学用于指导英语教学改革的基础。下面从传统语言学观以及新语言学观对语言与认知的关系展开分析。

（一）传统语言观中关于语言与认知关系的观点

在传统的语言观念中，语言与认知的关系如下所述。①

（1）自然语言具有客观的意义，这种客观意义是独立于人的思维以及运用之外的，词语也具有明确、客观的语义，这种语义可以描述现实。

（2）世界上任何一种物体都具有内在特性，这种特性独立于人的思维之外，而语言就是一种可以表现物体内在特性的外在符号形式。

（3）语言作为一种体系，具有封闭性、自足性特征。

（4）人们对语言的研究主要表现在语言的描述如何反映或等同于客观现实情况。

（5）语言与认知都是客观世界的一种直接反映形式。

可以看出，在传统语言学中，语言以及语言使用者都处于一种被动的状态，人类唯一能做的只是用语言真实地反映外部世界。

（二）新的语言观中关于语言与认知关系的观点

在新的语言观视角下，语言是一种开放的、依赖性的体系，十分强调人的认知能力以及经验积累在理解、运用语言中所发挥的重要作用。该观念还强调语言与认知所不可分割的关系，自然语言是人类智慧发展的结果，更是人类认知体系中的重要构成因素。通常而言，新的语言观重点提倡语言与认知之间的以下几种关系。

（1）认知能力是语言发展的基础，而语言是认知的一扇窗户。语言是认知的窗口，只有先认识事物，才能用语言来表达事物。可见，语言是认知能力发展到一定阶段的产物。换句话说，认知的发展要领先于语言知识，并且在一定程度上决定着语言的发展程度。简言之，认知是语言发展的基础，认知发展领先语言，语言的发展受认知的制约。因为人类只有首先认识了某一种事物，然后才能使用一定的语言来表达该事物。

（2）语言在很大程度上可以促进认知的发展。皮亚杰是瑞士著名的儿童心理学家，他认为语言并不能包括全部认知方面的能力，更不能决定认知的发展状况，不过可以促进认知的发展。一方面，人们在语言的帮助下可以更深层次的理解与认知事物。另一方面，人们通过语言的桥梁可以实现信息以及观念的交流与沟通，从而不断增进彼此的了解，调整、适应自己对社会的适应能

---

① 赵艳芳. 认知语言学概论［M］. 上海：上海外语教育出版社，2001：6.

力，促进认知能力的进一步发展。

（3）人类认知的成果一般通过语言来记载和巩固。人们通过直接经验和间接经验两种方式来认知自己周围的世界，对于个人而言，间接经验其实就是他人所获取的直接经验。语言可以将人的经验以及认识通过记载等方式保存下来，从而得到永久传承。这种传承下来的经验同时也成为后人认知世界的一种捷径。对语言与认知的认识与研究是认知语言学产生的前提，同时也是推动人类语言研究与发展的重要因素。

第二节　认知语言学背景下的语言教学观

一、语言教学观概述

教学观（也称教学理念）是教师对教学活动本质与过程的认识、理解以及所持的观点与态度，是教学活动的基本指导思想。教学观指导教师开展教学活动，决定教学的过程和结果。

语言教学观是建立在语言观与语言习得观基础之上的语言教学理念。语言观基于对教学客体的研究，探索"什么是语言？"；语言习得观关注学习主体的学习过程，探寻"如何学习语言？"；语言教学观则探讨教学中各个要素的安排，探究"如何教授语言？"。

确定语言教学观基本原则的关键在于对语言本质与结构的认识，即对语言观的理解。相较于其他语言观，认知语言学对于语言结构的描述更加全面合理，更能揭示语言的本质。它对语言和语言习得的新解读为语言教学带来诸多新启示，可大体归纳为以下三条基本的教学理念：（1）以构式习得为教学目标，以理据驱动教学过程；（2）以不对称频次输入为教学内容，以显性教学提升效率；（3）以体验性与交际性活动为主要教学活动。

二、基于认知语言学的语言观

（一）语言是由构式组成的理据性符号系统

在索绪尔时代，人们普遍认同语言是由无意义的语音系统与有意义的语法系统组成的双重结构。虽然语法系统中每个有意义的单位都是由无意义的语音构成的，但两者之间不存在任何逻辑关系。也就是说，用何种语言形式表达何种意义，人们无法探究其中的原因。描述这样的关系，最常用的学术用语是"任意性"。

认知语言学挑战了这一长期被广为接受的传统观念，声称语言是由形义一体的构式组成的，而不是形义分离的双重结构。每个构式的形义关系都可以给予合理的解释，并不是随意的、无逻辑的。简言之，从语言学视角来看，认知语言学主张语言是由构式组成的理据性符号系统。

构式是语言中形式和意义的匹配对（form-meaning mapping）。语言由一系列构式组成，其中构式有大，有小；有简单，有复杂；有低抽象程度，有高抽象程度。构式通过不断的组装与合并，逐步形成一个庞大的语言系统。

需要强调的是，构式不等同于人们具体使用的语言表达式。认知语言学认为，一个在特定语境中所使用的具体表达式称为"语式"。构式存储在人的心智中，具有建构实际语句的功能，而语式是由抽象构式直接实现为具体的言语表达形式。不同的语式也可概括为同一构式，因此，构式和语式形成了抽象构式与具体语式之间实现和被实现的关系。认知语言学认为，构式之间只要不存在形式和意义限定要求上的矛盾，即可进行自由合并，产生各种实际使用的语式。

构式的形义关系具有理据性，所谓理据性，就是强调构式的形和义之间的联系通常可以理解，而不是完全任意的，因而理据性常常等于不任意性。认知语言学所倡导的语言理据性不仅有利于人们更全面地理解语言本质，也为二语习得提供了更有效的手段，语言的形义关系所呈现的不是绝对的任意性或绝对的理据性。事实上，语言的任意性和理据性更像一个连续体，不同的语言单位从共时和历时而言具有不同程度的任意性和理据性，这里应视情况具体而论，从两个维度进行辩证分析。

（二）语言是体验性的概念化意象图式

结构主义语言学和生成语法都认为，语言是一个抽象的形式系统，它脱离人的认知而独立客观地存在。但是，认知语言学否定了这样一种客观主义观点，主张语言依靠人的认知才能产生和使用。也就是说语言是基于人们对现实世界的"互动体验"和"认知加工"而形成的。因此，从心理学的视角剖析，认知语言学认为语言是体验性的概念化意象图式。

1. 语言的体验性

语言的体验性是指语言依赖于人与现实之间的互动经验。它体现在语言的产生和使用两方面。从语言的产生来看，人的身体与外界环境进行互动，产生了体验性的经验。人再将这种体验性经验实现为语言，这就构成语言特定的体验性。从语言的使用来看，不同的语言表达式会引导使用者注意事物的某些特定方面，反映出不同的观察视角，从而产生对现实事物的不同认知，这也体现了语言的体验性。因此，语言并非客观地反映现实，而是蕴含着使用者在特定视角下的具体体验。

从这一意义上说，现实并非绝对客观，而是人们各自体验到的不同的现实。语言是对现实体验性认知的产物，因此具有体验性的特征。

2. 语言是概念化的意象图式

人在与现实互动体验的过程中，通过对具体的具有相似关系的多个个例反复感知和体验、不断进行概括而逐步形成基本的意象图式（image schema）。同时，人又通过这一现实的体验过程，实现意象图式和语言符号之间的对应和投射，完成语言形式和意义之间的匹配，最终产出有意义的语言表达式。这一过程称为概念化过程。

从心理学视角而言，认知语言学认为语言是体验性的概念化意象图式。语言的体验性也成为认知语言学有别于其他语言学理论的基本原则之一。

（三）语言是社会性的交际工具

语言是一种交际工具，这是语言学界的基本认识。但对于语言这一交际工具的性质，认知语言学有着自己独特的理解。语言以交际为最终目的，但语言交际知识并不是如生成语法所宣称的先天内在的语言知识。相反，它是由从交际行为中不断概括出的语言构式组成的。"语言结构产生于语言使用"，这是认知语言学以使用为基础的基本命题。因此，从社会学视角而言，认知语言学主张语言是一种社会性的交际工具。

语言作为交际工具的社会性主要体现在以使用为基础的观点上。它包含两方面含义：一是语言知识源于语言使用，二是语言知识的目的在于语言使用。这体现出认知语言学的功能主义观点。

首先，语言知识产生于语言使用。一个语言成分能否作为构式存储为人脑中的语言知识，最重要的因素是该语言成分在语言使用中所出现的频率。该语言成分每使用一次，所对应的意象图式就会被激活一次。一旦使用频率满足了特定要求，该语言成分就会固化，形成形义配对的构式，语言知识的形成离不开语言使用。

其次，语言知识不仅产生于使用，且用于使用，因为语言是以交际为目的的言语行为。交际行为总是不可避免地发生在特定的社会语境中，对它的理解和使用则取决于具体语境的百科知识。交际双方依靠所使用的具体构式激活一系列百科知识，从不明确的交际内容中推导出说话者的交际意图。

因此，从社会学视角来看，语言是一种社会性的交际工具，语言知识源于语言使用，亦可用于语言使用，构成以使用为基础的语言观，情调语言以交际为最终目的。

三、基于认知语言学的语言教学观

教学观（也称教学理念）是教师对教学活动本质与过程的认识、理解以及所持的观点与态度，是教学活动的基本指导思想。教学观指导教师开展教学活动，决定教学的过程和结果。

语言教学观是建立在语言观与语言习得观基础之上的语言教学理念。语言观基于对教学客体的研究，探索"什么是语言？"；语言习得观关注学习主体的学习过程，探寻"如何学习语言？"；语言教学观则探讨教学中各个要素的安排，探究"如何教授语言？"。

确定语言教学观基本原则的关键在于对语言本质与结构的认识，即对语言观的理解。相较于其他语言观，认知语言学对于语言结构的描述更加全面合理，更能揭示语言的本质。它对语言和语言习得的新解读为语言教学带来诸多新启示，可大体归纳为以下三条基本的教学理念：（1）以构式习得为教学目标，以理据驱动教学过程，（2）以不对称频次输入为教学内容，以显性教学提升效率；（3）以体验性与交际性活动为主要教学活动。

（一）以构式习得为教学目标

在"以构式习得为教学目标"理念的指导下，外语教学的目标是帮助学习者习得各种构式。词汇、多词单位或预制词块、语法都属于构式的不同表现形式，均为形式—意义/功能配对项；应特别重视久被忽略的多词单位或预制词块。教学中若能揭示构式形式—意义之间的关系，展现构式意义—意义之间扩展的理据，可使学习过程变得有据可循，促进深层理解和记忆。

由认知语言学的语言观和习得观可知，语言的基本单位是构式，是有着规约关系的形式—意义/功能配对；构式可大可小，可简单可复杂，可具体可抽象。从简单的词汇到复杂的句子均为构式单位；构式是涵盖了从具体词汇到抽象语法的连续体。学习者（儿童及成人）通过少量接触语言材料，即可习得新构式。而二语学习者不成功的原因往往在于没有学到足够的构式。因此，语言教学的主要目标应为帮助学习者熟练掌握语言中的各种构式。

传统外语教学中对于词汇和语法采取两分法，词汇为一个教学重点，语法为另一个教学重点。词汇—语法两分法忽视了词汇—语法连续体中大量的规约性表达（conventional expressions）及表达模式（patterns of expressions），而这些恰恰对于语言的流利程度起重要作用。母语使用者正是因为掌握了大量的规约性表达及表达模式，才可以快速连贯地使用语言，认知语言学指导下的教学以构式为中心，特别重视多词单位（multiword units）或预制词块（prefabricated chunks）的地位。

（二）以不对称频次输入为教学内容

认知语言学基于使用的语言习得观否认天赋语言习得机制的存在，认为语言学习同其他科目（如数学、地理等）的学习无本质区别；通过通用认知机制（如类比、归纳概括、记忆、注意力等）自下而上地学习语言。因此，语言输入频率和方式对语言学习影响很大。一方面，输入频率决定构式习得的速度。某一例子出现频率越高，越容易被习得。另一方面输入分布与顺序决定构式习得的效率。实证研究证明，与对称频次输入（balanced input）相比，不对称频次输入（skewed input）可加快新构式的学习；如果优先呈现目标构式中出现频率最高的成员，学习、概括构式的速度则更快；此外，训练中应排除目标构式以外的其他构式，否则会阻碍目标构式的学习。其中，不对称频次输入是指输入中目标构式典型成员的出现频率大于非典型成员，对称频次输入指所有成员出现的频率相当。事实上，通常情况下自然输入即为不对称频次输入，构式的典型成员或语义原型出现频率最高。

由此，二语教学可以得到如下启示：通过调整目标构式的输入频率、分布和顺序来加快构式的学习。换言之，输入也应分级（graded input），先呈现大量典型成员，掌握后再输入非典型成员；典型成员高频重复，非典型成员低频呈现。典型成员是学习某一构式的出发点，学习者以此作为类比的基础；呈现某一构式的各种成员则可帮助学习者掌握构式的结构，更有创造性地使用该构式。因为自然输入多为不对称频次输入，所以教学中应尽量为学习者提供日常交际中使用的、纯正的语言材料，保证输入符合自然频次分布。但自然语料无法保证优先输入的是目标构式，而且其中混杂了目标外构式，因此，可以辅以语料库来设计输入语料。语料库语言学具有以大量真实的语言数据为基础、自下而上分析语言、以多词单位/预制词块为重点的特征。这些特征与认知语言学基于使用的观点、语言知识源于语言使用、将词汇和语法视为统一连续体等观点相契合。

(三) 以体验性与交际性活动为主要教学活动

"以体验性和交际性活动为主要教学活动"的教学理念提倡通过使用身体或手势等方式来体验语言的概念化特点,辅以学习者的自主探索,来获得对语言的深层次理解和记忆。基于使用的语言观决定了认知语言学主张以交际活动为教学基本活动,让学生在真实的语境下、在完成交际任务的过程中学习和使用语言,同时获得深层次文化、语用及社会信息。

1. 以体验性活动为主要教学活动

认知语言学的哲学基础为体验哲学,认为人类认知不是对客观现实的直接镜像反映,人的身体是认知与客观世界两者之间的媒介,这是认知的体验性;语言是人类认知的一部分,因此也是体验性的;语言学习是一种认知过程,同样也具有体验性。语言和语言学习的体验性为语言教学带来如下启示:

(1) 教师通过课堂展示,指导学生使用手势或其他肢体动作去体验语言概念化的方式。认知语言学认为意义的建构以身体为基础,语言意义及其符号化模式皆来源于体验的经验,如果在动作、手势和意象中重现这些结构,激活动作和语言的联系,将会有利于理解和记忆。这与曾经流行的全身反应法(Total Physical Response)的观点相一致。也可以在教学中使用戏剧表演,学习者边演边说;或者使用哑剧表演,一部分学习者表演剧本情节,另一部分学习者描述经过,以此建立意义和动作之间的联系。

(2) 教师除了直接显性教授语言规律外,还应呈现语言材料,鼓励学生主动去发现、归纳及运用其中的规律。这种自下而上、自我探索式学习,能让学习者参与意义建构,也是体验语言概念化的一种方式。在此过程中,学习者自主学习能力不断提高,同时享受由此带来的积极情感体验。具体来讲,可在教授构式的过程中,要求学生自己建立语义辐射网络,摸索意义之间联系的理据,或在实践中总结构式的不同用法。

认知语言学的方法比传统的方法更加有效。首先,由教师将该构式的核心意义和各种扩展意义通过幻灯片图示和动画展示给学习者,请学生将核心意义填入多义网络图中相应的位置上,之后学习者根据语义网络图对具体实例进行分析,判断是否合理并给出理由。最后教师组织课堂讨论,进行总结和讲评。区别于完全由教师显性教学的方式,该方法在教学过程中要求学生主动参与,分析和建构语义网络系统。在此过程中,学习者自主学习能力不断提高,同时享受由此带来的积极情感体验。当然,在学习者自主探索、归纳和运用的基础上,教师必须辅以显性指导,给予引导和反馈,帮助学习者认识和总结凭自身不易探索出的规律。

2. 以交际性活动为主要教学活动

基于使用的语言观认为"语言结构产生于语言使用"。语法规则是人们在语境中，通过对具体语言的接触和使用，不断抽象概括总结出来的，因此在语境中教学是加快学习的最好办法。目前二语习得及外语教学领域的重要趋势之一是设计交际难度逐级增加的交际任务。在初级阶段，设计学习者可预先准备的简单交际任务，之后逐渐过渡为不可预先准备的复杂交际内容。初期由于信息和任务简单，学习者的注意力主要放在二语语言要素上，随着交际难度的逐级增加，学习者的注意力逐渐转向任务本身，从而促进语言要素的自动化及语言能力的发展。

认知语言学指导下的教学观强调语境与语言使用的作用，突显语言的交际功能，这一原则与近年来倡导的内容教学法、沉浸法及任务教学法等教学法的观点相似。然而它与上述教学法还有诸多不同之处。认知语言学的教学观虽强调输入的重要性，却未淡化显性和形式教学，认为最优方式是显性和隐性教学的结合，在该理念上与基于形式（focus on form）的教学法有一致之处，此外，认知语言学的体验哲学思想强调体验性，教学中重视学习者通过身体及手势体验或者自主探索语言的意义，与传统的教学方法相比，充分发挥了学习者的主体性，使学习过程更加深入和有趣。

第三节　认知语言学在大学英语教学中的运用研究

在日常英语教学中，教师完全可以参考认知语言学的基本观点和重要特征来转变传统的教学方法和教学思路，发散思维，从别的思路来解释词汇的意义、传授语法的作用、开展听力与阅读教学。

一、认知语言学在大学英语词汇教学中的运用

对认知语言学而言，人类的思维活动绝大多数都在基本范围层次上面开展和进行的，具体表现在语言上，就是基本范畴词包含了绝大多数的日常用语。因此，对于教师而言，就应该在此理论的基础上，重视基本词汇的教学，利用上下文词义的关联等来拓展学生的词汇量。与此同时，教师要积极引导学生通过词的前缀、后缀以及词根词源等来增加自己的词汇掌握量，使其建立词族的概念意识。

对于一词多义的现象，认知语言学认为多义词是人们探索世界认知世界的重要过程，反映了人们从自身的经验出发，继而联系到周围其他事物，从具体到抽象的认知过程。对于一个单词而言，最基本的称之为原型的词义是基础词义，而其他的词义都是由这个基础词引申而来的。例如 bar 本义是指木栅栏，因为在法庭中，律师站的地方都有栏杆围住，因此引申为律师，而栏杆也起到了阻拦的作用，因此又引申为阻碍、妨碍，把门关住等意义。通过一系列的引申和联想，能够使学生将一个词的多种意义结合起来，寓教于乐，轻松掌握英语单词的意义，节省了脑力和时间。

通过一系列类似的分析我们可以得出，那些看起来没有关联的词义实际上是用语言意义网络的形式相连接的，因此拥有一定的组织性与系统性，清楚的认识和了解词义的认知结构能够有效地促进英语的学习与教学，扩展学生的词汇量，这是传统教学方法无法比拟和超越的。

二、认知语言学在大学英语语法教学中的运用

在日常的英语教学中，语法教学是其重要组成部分，适当的借鉴有关认知语言学的知识可以有效解决传统教学方法难以应对的难题。从英语语法的使用来说，其概念性和具有语义功能的特征，使其能够充分的展现语言使用者的心理认知。因此对于语言使用者而言，怎样组织与理解语言都是有一定意义的。学生在学习时，遇到了与时间概念没有太大关联的时态用法通常会觉得手足无措，只能单调的重复。在这种情况下，认知语言学能够为相类似的现象提供更加详细和系统的解释。

比如，英语时态中的非时间意义通常是指关于时间意义的延伸，因此带有很强的规律性与理据性。根据日常生活经验，"before"的时间观念与认知的主体人联系最为密切的空间位置是"there"。由于在经过一段距离和经历一段时间也有很大的相关性，因此时间指称也可以被概念化成相对于认知的主体人之间的远近关系。关于 when 引导时间状语从句的用法，我们可以从中总结出基本规则：①主句过去进行时，when 从句用一般过去式：表示当一个动作发生时，另一个动作正在进行。②从句用过去进行时，主句用一般过去时：表示当一个动作正在进行时，另一个动作正在发生。因此我们可以用过去时态来标志背景化的信息，用现在时态来标示前景化的信息，通过时态的变化来反映信息的凸显度。

三、认知语言学在大学英语听力教学中的运用

(一) 英语听力理解影响因素及存在问题

1. 英语听力理解影响因素

听力理解的过程是一个接收信息将其处理再做出相应判断或反应的过程。听力理解分为三个阶段：感知处理、切分和运用。三者相互联系又循环往复。感知处理阶段即为接收信息的过程，可以是主动的，亦可以是被动的，听者将听到的信息首先进行接收，并对其内容暂时储存在短时记忆中。切分阶段是一个把信息处理成从未知到自己已知的过程，听者将短时记忆中储存的信息与自己已知的或先前已有所积累的信息知识联系起来，进行理解并做出相应的判断或反应。之后再将这一段处理信息的过程保存在大脑中变为长记忆，以此不断积累循环利用自己的图式知识。

英语听力理解在听力理解的过程中将听者所接收的信息限定为英语的信息，因此对于外语学习者来说，听力理解过程的难度大大增强。

对于英语作为非母语的学习者来说，影响英语听力理解的因素大致可以分为心理因素、语音语调因素、词汇与语法因素、记忆因素和非语言因素这五个方面。

(1) 心理因素

不少学生内心对听力存在极大恐惧感，担心自己漏听、误听甚至无法听懂从而导致无法理解文章的结果。这样在听力开始前，无形中就对听力材料从心理上有所抵触，进而无法对听力材料进行熟练准确地加工。这一现象很大程度上是由听力训练的不足，基础不够扎实和缺乏信心所致。因此教师在日常的教学工作中应当引导学生以积极的心态进行充足的听力训练。并且辅助以英文歌曲，英文短片和有趣的英文故事来激发学生学习英语的兴趣与主动性，逐渐提高学生英语听力的自信从而提高听力的灵敏度和准确度。尤其是在大部分学生都相对薄弱的听力环节及题型，更应当加强培养学生克服心理消极情绪。

(2) 语音与语调因素

在外语学习中，听力的最直接表象即为语音，人类听力的过程本身就是一个由语音向语义转化的过程，因此英语听力理解与语音有着最直接的关联。提高听力的语音识别能力，首先需要掌握英语单词和句子准确的发音。即便听者有再丰富的词汇量，若不能准确发音亦无法辨识单词，无法听懂听力内容。尤其是在词汇量有限的情况下，经常出现无法处理解读相应信息的情况，其次，在英语发音中，对重音，次中音和升降调的掌握也是十分重要的技能，这一点

恰恰是中国学生学习英语中易被忽略的地方。例如，一些学生常把 sail 读作 cell，把 rich 读作 rish，这样错误的发音势必会影响听力过程中的理解。

（3）词汇与语法差异

词汇是句子理解的最小单位，准确理解句子的基本在于对词汇的掌握。语法则是运用语言的规则。二者对于听力的理解相辅相成，缺一不可。在听力过程中，一旦遇到听不懂的生词学生便中断了思路，将精力放在对这一生单词的搜索上，既影响了已听过前文内容的短时记忆，又影响了学生后面的未听内容。因此扎实的词汇能力对每个学生准确的听力理解是十分必不可少的。另一方面。在英语听力过程中经常会出现漏听，只听到了大概意思的这种情况，从而出现短时性记忆的偏差，不少学生认为有的信息依据大脑中所存储的已有的文化背景知识可以判断出来，其实不然，因为文化背景差异的问题，有时候凭主观经验做的信息判断非但不正确反而偏差很大。

（4）记忆因素

听力理解的过程是一个稍纵即逝的过程。因此就要求学生在听的同时进行简单的记忆和记录的工作。心理学研究表明：人们从听这一动作到理解这一结果遵循如下的过程：音响信号的接收（输入）——记忆（储存）——相应符号的转换（命题）——理解终止（输出）。该过程表明大脑能够储存的内容越多，理解越充分。但不少学生存在听完后半部分忘了前半部分的情况，虽然理解了文章的整体意思无法理解文章的现象。因此，教师在平时对学生的听力训练中，应当锻炼学生对重点信息的筛选和记忆工作，帮助学生回忆情景从而按照逻辑记忆的方法以及通过复述的方法让学生对信息进行细节性的记忆工作。

（5）非语言因素

语言只是人类进行交流的一种工具，社会背景的变化，传统习俗的差异，文化背景的不同，历史传承，风土人情，生活方式，科技发展以及人类思维方式的不同都会对语言产生不同程度的影响。因此具备一定的社会背景知识对于理解英语听力理解来说是十分必要的。由于各国文化的差异和思维方式的不同，不同词语在不同语言和国家中意义不尽相同，有时更可能会完全相反。例如，red 一词在中文象征着喜庆和吉祥，在英文中则意味着危险状态或让人生气。因此，非语言因素在听力理解中也占了很大比重。教师应当在教学中在教授给学生语言知识的同时，给学生介绍相关的社会文化因素。

2. 英语听力理解存在问题

由于以上现象及影响因素的存在，英语听力教学存在以下问题：

学生听力理解的问题无外乎知识性障碍和非知识性障碍，学生语音知识，词汇以及关于所听内容的知识储备量均为知识性障碍。而听力答题技巧，兴趣情感因素这些均被认为是非知识性障碍。英语听力教学之所以任重而道远，究其根本原因是每个学生的听力知识性障碍和非知识性障碍无法直观地反馈给教师，每个学生听到的信息多少不同，大脑处理信息的能力也不同，做出相应的判断也不同，而听力这一整个过程均在个人脑海中完成，无法直观具体地反映给教师，以至于教师不知道从何下手来提高学生的听力能力。

另一方面，应试教育听力考试主要是以做选择题为主，学生即使听不懂一些词语和语句有时候也可以选对答案，教师仅凭考试成绩和应试结果，无法真正准确地掌握学生听力的真实情况，所以仅通过选择题的答题情况来判断学生听力水平是不公平的方法。从学生自身来讲，很多学生对听力没有太大的兴趣，如果听力内容一开始就出现了听不懂的生词和语句，后面的听力部分就会丧失听力的信心与积极性，更无从要求其基本听懂内容。

（二）运用认知语言学提高英语听力教学策略

下面以认知语言学的图式理论为例来探究基于认知语言学的英语听力教学策略。

1. 图式以及图式理论的相关概念

图式（Schema）是指人脑中围绕某一个主题组织起来的知识的表征和贮存方式，是人脑中已有的知识经验的网络。通俗来讲，图式就是储存在大脑中的之前所获得的知识和经验，人们对新信息的认知和理解一定程度上依赖于大脑中的图式。

随着以认知心理学为理论基础的认知语言学不断发展，越来越多的语言学家开始关注和研究"图式"这一重要概念，并做出了大量的研究，将这一心理学的概念探索性地应用在语言学领域，试图解决与其相关的语言学问题，提出了许多相关理论。

在20世纪70年代后期，"图式"这一概念渐渐地发展成为一个完整、成熟的理论。该理论主要观点是，已经在人的大脑中存在的图式影响和支配着人们对新信息的理解和处理，即当人们接收到新信息时，总是设法将新信息与已有的信息图式联系起来，进行信息处理，获得新的认识。在现代图式理论中，图式是具有一定概括性的知识，既描述事物的必要特征也描述其非必要特征，并且图式所描述的特征由一部分或者几部分的变量组成。例如，在人脑中存在的关于"人"的图式的内容包括高级动物、直立行走、能够使用语言等。

2. 英语听力的重要性及听力理解过程的特点

在英语学习过程中，人们所关注的四大基本技能分别是"听""说""读"和"写"。从四项技能的排序中，我们可以看出，"听"是位列第一的。

有关统计指出,在言语交际过程中人们在"听"中花费的时间最多,在与人交流的过程中,首先必须听懂别人在讲什么,然后才能做出符合逻辑的信息处理和答复。因而要想学好一门外语,重视听力的培养是第一位的,也是最重要的。但是听力理解的瞬时性、记忆性、综合性三大特点决定了它是项较难掌握的复杂技能。

(1) 瞬时性

一般来说,在没有重复的条件下,听力理解中的信息输入具有瞬时性,也就是说这个过程是不可逆的。瞬时性这一特点决定了听话者必须在有限的时间内对收到的信息符号做出符合逻辑的理解和反馈,听者很难对自己不理解或听错的地方进行反复思考和纠正;部分学生基础知识掌握不牢固,并且在日常学习中,缺乏听力技巧的培训和足量的听力训练,因此增加了听力的难度。

(2) 记忆性

在认知心理学中,听力过程有三个重要的阶段,分别为感知、切分和运用。在"感知"阶段,听者大脑中利用已有的图式,将感知到的(接收到的)声音信号转换为具有意义的信息符号,也就是平时所使用的词语,并将这些有意义的符号信息储存起来,即形成短时记忆;在第二阶段,听者将储存在短时记忆中的有意义的符号信息切分成各级语言单位,并对这些语言单位进行进一步分析、筛选、储存;最后,听者将储存在大脑中的与听力材料有关的"图式"(原有知识)与新信息进行结合,对听力材料做出正确的理解和反馈。感知、切分和运用三大阶段在听力过程中是不断反复进行的,在这些过程中,对新信息的及时"储存"(记忆)是至关重要的。

(3) 综合性

听力理解是一个综合性的复杂思维活动。其综合性在于听力理解过程要求学生脑、眼、耳、口、手同时并用,并且要掌握该语言的语音、语义、词法、句法、篇章、语用的基本知识,此外还要了解一定的社会文化背景知识,对所听内容进行语篇上的理解。

听力理解的瞬时性、记忆性和综合性决定了它是一个复杂的技能,它往往是大部分学习者的薄弱环节。

3. 认知语言学理论应用于英语听力教学的策略

在认知语言学中,听力理解的过程是一个解码与意义重构的过程,并不是一种简单的解码过程。因此,在听力理解的过程中只利用语言知识是远远不够的,还需要背景知识、结构知识等的参与和帮助。图式理论对英语听力教学有以下几点启示:

(1) 重视学生的语言知识教学

语言知识是人们理解新信息的前提和基础,如果学生的基础不牢,没有掌握应掌握的语音、词汇、语法等知识,听者无法对所接收的信息进行解码,那么听力理解则无从谈起。例如,在听句子"I can't stand the new movie"时,如果学生没有掌握多义词"stand"在该句子的意思,则无法理解整个句子的意思和说话者的态度。因此,听力教学最基本、最重要的工作就是引导学生打好语言基础,熟练掌握语言知识,建立足够的语言图式。

(2) 丰富学生的社会背景知识

中西文化差异很大,一些时候,听力材料具有很强的民族文化特色,如果学生没有相应的背景知识,也会造成句意的误解。例如,当听到"lucky dog"这一搭配时,如果没有英语语言文化储备,那么学生会对这个短语产生误解,造成理解的错误。因此,要引导学生多读书,不断充实和丰富学生的社会背景文化知识,建立相关的图式,为理解信息做好储备。

(3) 充实学生的形式知识

影响人们对信息理解的不仅仅有语言和内容知识,形式的不同也会影响信息的获取。因此,教师在教学中引导学生掌握不同的文章体裁、修辞手法、结构形式等,了解不同形式的不同特点,并有针对性地进行练习和感受,从而增强语言敏感性,能帮助学生更好地理解所接收的信息。

(4) 采取有效手段激活学生已有图式

图式的激活是指利用材料已给的信息,如标题、关键词等去推测和判断材料可能涉及的内容,并根据推测激活大脑中相关的语言知识、背景知识等长时记忆。因此在听力教学中,教师要引导学生根据已知信息去有目的地激活储存在大脑中的图式,并进行相应的筛选、分类和加工,在听前做出迅速、合理的判断,从而为接收和理解信息做好准备。

总之,听力理解是一个复杂的、综合性的思维活动,认知语言学的图式理论从认知心理的角度给英语听力教学带来了启示。教师需要联系教学实践,探索更为合理的听力教学方法,提高学生听力理解的水平。

四、认知语言学在大学英语阅读教学中的运用

阅读是一个复杂的过程,是具有认知心理的分析过程。认知是指人类认知客观事物、获取知识的过程,包括人的记忆、直觉、思维等。而人的阅读本身也属于一种思维加工过程,它是使人类思维产生结构变化、形成高级思维的过程。因此,有必要对阅读进行认知分析,从而有助于学生更好地理解阅读材料。

(一) 英语阅读的认知心理

人们在展开阅读时，首先需要对阅读材料的文字信息进行扫描，进而将扫描的信息传递给大脑，大脑对这些信息进行感知，最后通过整理和分析来加以解码。

从认知语言学的角度来说，人们已有的知识就构成了一个知识体系，其涉及以下三个部分的内容：（1）能够将各个范畴相互关联而形成网络系统；（2）能够包含多个不同的范畴系统；（3）能够对不同范畴间的规则进行区分的系统。

因此，阅读的认知心理可以归纳为以下几个阶段：(1) 在阅读开始时，读者需要通过视觉对文字信息进行准确、迅速、自动的辨识。有研究发现，人们在阅读时眼睛停留在每个单词的时间约为 1/5 秒到 1/4 秒之间。(2) 对单词进行自动辨识之后，读者开始进入对单词、意义的加工阶段。在这一阶段，单词的音与义会触动人脑中的记忆，并激发其人脑中有关词汇、语法的知识。也就是说，在这一阶段，人们会有意识地对人脑中的各种信息加以提取和搜索。(3) 当人们完成单词的音义表征之后，单词的音义会组件连接，构成短语和句子的音义，并对短语和句子加以理解。(4) 读者将自己大脑中的单词、短语、句子的相关知识联系起来，为理解整个语篇提供条件。

在阅读认知心理的这四个阶段中，前两个阶段属于低级阶段，后两个阶段属于高级阶段。初学者往往会在前两个阶段中耗费大量时间，从而导致阅读速度低下，阅读能力不足；阅读水平较高的人则在前两个阶段实现了自动化，因此会将更多精力放在后两个阶段，从而更高效地理解原文。

(二) 英语阅读的认知模式

对阅读的认知分析主要建立在阅读认知模式上。所谓模式，就是对客观事物结构关系及客观事物演变过程的反映。阅读的认知模式就是运用阅读的认知心理来对阅读活动中各要素的相互关系及发展过程进行。其中，鲁梅尔哈特的"相互作用"阅读模式是阅读认知模式的典型之作，即"交互模式"。但在理解这一模式之前，有必要理解与之相关的两个模式，即自下而上模式、自上而下模式。

1. 自下而上模式

自下而上模式，又称为"信息加工模式"，起源于19世纪中期，是一种较为传统的阅读认知理解模式。自上而下模式是依靠信息加工的理论来对阅读认知理解加以阐释的过程，是一种依靠文本驱动的认知模式。该模式主要是从低级的基本字母单位出发,到高级的词汇、句子甚至语义的加工,即从书写符号到文字意义的整个认知加工的过程。

很明显,自下而上模式是从字母、词汇的解码开始,到文本意义的理解结束,是一个有层次、有组织的过程。因此,读者要想理解整个语篇,就必须具备从低级到高级的语言基础知识,因此只有理解了字母,才能理解词汇,只有理解了词汇,才能理解句子,只有理解了句子,才能理解段落和语篇。

可见,自下而上模式强调的是语篇本身,阅读理解的过程中,人们遇到的问题大多数属于语言问题,而学生阅读理解的失败大多是由语言知识不足导致的。受这一认知模式的影响,传统的英语阅读教学主张从字母—词汇—句子—段落—篇章这一结构层层进行,且将语言知识的讲授作为教学主要任务。

但是,这一模式也存在着明显不足,即它强调信息加工在阅读认知理解中的作用,但并没有说信息与信息间的作用,将其仅限制于线性理解层面,忽视了读者从语篇之外获取的其他信息。

2. 自上而下模式

自上而下模式起源于20世纪60年代,是在认知心理学的基础上发展而来的。所谓自上而下模式,是指读者在自身已有知识的基础上,对相关阅读材料进行加工。简单来说,就是运用预测、检验等认知手段来理解阅读材料。这一模式以读者为中心,强调读者的兴趣、背景知识等对阅读理解的影响。

1967年,在著名的心理学家学者古德曼(Goodman)的理论中,阅读被认为是心理语言学的猜字游戏。在古德曼看来,读者运用自身的已有知识来降低对语篇语音符号、书面符号的依赖。继古德曼之后,另外一名学者科迪(Coady)提出了以下的阅读认知模式,见图2-1。

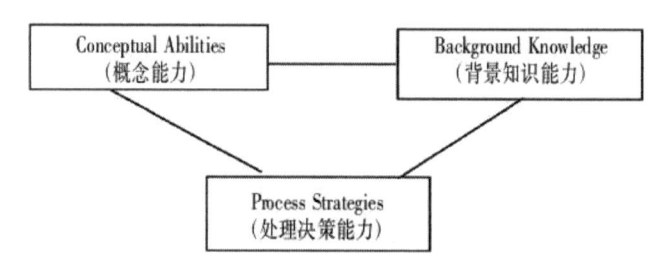

图2-1 科迪的阅读认知理解模式

从图2-1可知,科迪的阅读认知理解模式主要包含概念能力、背景知识能力、处理决策能力三大能力。其中概念能力是指读者对阅读过程中输入的信息进行整合,进而形成概念的能力;背景知识能力是指读者所掌握的一些常识知识;处理决策能力是指读者在阅读过程中所使用的阅读技巧。在具体的阅读认知理解过程中，这三种能力相辅相成、相互作用。

自上而下模式有很多的变体，并且每一种变体都有自身的特点。总体来说，可以归纳为四个层面：(1) 自上而下模式认为阅读具有目的性和选择性。(2) 自上而下模式认为阅读是从文本中寻找意义，并在此基础上进行思考的过程。(3) 自上而下模式认为阅读具有预见性，读者运用已有知识对文本内容加以预测。(4) 自上而下模式强调读者已有知识在阅读中的凸显地位，因此不可忽视和磨灭。

（三）认知语言学应用于英语阅读教学的策略

在具体的英语阅读教学中应用认知语言学的理论，有助于加深学生对阅读材料的理解，同时对于学生思维能力和文化素质的提高也有重要意义。具体而言，教师可以从以下几点着手。

1. 阅读材料选择层面的应用

认知语言学认为，语言输入的过程应该符合理解性、数量性、趣味性的原则。英语阅读教学是一种非常重要的输入形式，因此将认知语言学的相关原则运用于英语阅读教学中，可以收到事半功倍的良好效果。

（1）理解性

英语阅读教学的目的是提升学生的语言理解能力，这一能力的形成和发展并不是一蹴而就的，而是需要教师付出长期艰辛的努力。阅读材料是英语阅读教学的重要参考，对英语阅读教学而言有着重大意义。因此，在进行阅读材料的选择时，教师应该选择理解性强的资料，即尽量与学生的认知特点、语言习得水平相符，不应过于容易，也不能太难，最好选择比学生整体认知水平稍高的材料，这样有助于激发学生的挑战兴趣。

（2）数量性

语言的输入也需要数量作为前提，这是因为阅读材料中包含多层次、多学科，因此阅读教学过程中应该坚持数量性原则，这对于学生认知语言程度的提高也有着重要影响。一定程度上而言，语言的学习需要机械的、重复的刺激，教师要尽量让学生多接触阅读材料。例如，教师可以多预备一些阅读材料，从而增加学生的阅读接触数量，丰富学生的语言知识储备，为日后的英语交际打下良好基础。

（3）趣味性

众所周知，兴趣对于人们认识事物、学习知识有着重要作用。在当代的大学英语阅读教学材料的选择上，教师应该坚持兴趣性的原则。也就是说，教师应该根据学生的认知情况、语言水平来选择材料。当学生对阅读材料充满兴趣时，就会对阅读投入更多兴趣，调动自己的阅读认知技能，把握材料的中心思想，从而不断提升自己的阅读理解能力。

2. 阅读任务设定层面的应用

阅读教学的过程需要设定一定的目标和任务，才能切实有效地提高阅读教学的效果。认知语言学的认知监控理论认为，学生的阅读过程需要自己主动地调节和监控。但需要注意的是，学生在不同的语言阶段，其对自身的学习情况把握不够透彻，这就需要教师帮助学生设立清晰的目标和任务。

任务的设定可以帮助学生了解自己的进度，同时也便于学生制订自己的阅读目标。当目标达到后，他们就会对自己的阅读充满信心，从而提升自己的阅读兴趣和积极性。阅读过程是循序渐进的过程，因此教师应该根据不同的阶段设置不同的学习目标和任务。

3. 具体阅读策略层面的应用

从认知语言学的角度来说，阅读的过程是读者与文本相互作用的过程。阅读的过程带有极大的主观性，需要学生从自身思维出发来理解文本逻辑，加深对整个阅读文本的理解。了解了这一点，教师在具体的英语阅读教学过程中，需要注重培养学生的理解能力和应用能力。

阅读理解的过程是一个科学分析的过程，学生需要运用一定的阅读技巧来提升自己对阅读材料的理解。认知语言学的相关理论对阅读策略的选择也有重要影响。具体来说，可以从阅读前策略、阅读中策略和阅读后策略分析。

（1）阅读前策略

认知语言学认为，人类的语言思维结构往往是在人的认知经验的依赖下，因此阅读理解的过程中渗透了很多读者的经验。这就提醒教师应该在阅读教学过程中，训练学生的主观思维能力。

在阅读开始之前，教师可以通过以下几种形式来让学生对阅读文本有一个基本印象。

第一，预测文章内容。阅读并不是学生拿到阅读材料就开始阅读，其可以选择一定的阅读策略进行分析。在阅读之前，教师可以引导学生对阅读内容进行预测，如通过阅读材料的类型、题目、首尾句等的讲解，让学生对文本内容有一个大致的猜测。

第二，速读教学策略。在阅读开始之前，教师可以让学生对文章进行速读，大致了解文章的内容。同时，教师还可以运用提问的形式与学生交流快速阅读的方法和技巧。

第三，了解文章背景。由于英汉两个民族的思维方式、文化习俗等存在明显差异，对英语阅读材料进行阅读还需要具备一定的背景知识。因此，教师在教授之前，首先引导学生进行背景文化知识的收集和整理，从而为正式的阅读打下基础。

第四，运用相关主观知识。阅读材料的理解是基于学生的认知水平建立的，学生在阅读时需要运用相关主观知识，只有这样才能加深对文章的理解。

阅读前阶段是阅读的准备阶段，因此需要教师和学生予以重视，做好阅读的准备工作，这对于阅读而言十分必要。

（2）阅读中策略

在阅读过程中，学生还需要发挥自己的主观能动性，对自己的意识和思维进行调节与监控。在这种监控下，学生能够认知阅读材料的本质，从而把握文章的背景知识，同时还能使学生进行对比分析，找出英汉两种语言的异同点。

具体到当代的大学英语阅读教学过程中，教师应该锻炼学生的语篇预测能力，从而提高英语阅读的有效性。

（3）阅读后策略

阅读完后材料并不是阅读过程的终结，阅读后的监控和评估也是阅读的重要部分。在当代大学英语阅读教学中，教师要督促学生进行自我监控和评估。

第一，自我监控是指学生对阅读错误加以改正。当学生阅读完一则材料之后，需要对文章中理解不透彻或者不理解的地方进行记录和总结，同时寻找相关资料或者寻求教师帮助。

第二，自我评估是指学生对自己的阅读水平、偏好、成绩有一个科学的评估，从而把握自己的学习进度。

自我监控和自我评估除了能够提高学生的阅读主观能动性，还能培养学生的阅读习惯，使学生对自己的阅读进度有一个清晰的了解和把握，从而更积极主动地进行阅读学习。

阅读教学是英语教学的重要层面，认知语言学应用于大学英语阅读教学中，有助于提高学生的语言理解能力、表达能力及运用能力，从而提高大学英语的教学效率。

第三章 系统功能语言学与大学英语教学融合探索

在功能语言学流派中,影响最大的是韩礼德所倡导的系统功能语言学。纵观系统功能语言学派的理论发展历史,可知这一学派共经历了五个发展阶段:句法理论阶段、系统语法阶段、功能语法阶段、系统功能语言学阶段、社会符号学阶段。随着研究的逐步深入,系统功能语言学已经从一门"边缘"学科成长为语言学研究领域中的"主流"学科。目前,国内外众多语言学者们对系统功能语言学展开了大量的研究,促进了这门学科的飞速发展。

第一节 系统功能语言学的基本理论

一、系统语法理论

(一)系统语法的基本概念

韩礼德在"现代汉语的语法范畴"一文中建立了一个能比较好地处理语言单位之间关系的分析框架,该篇论文代表着韩礼德系统功能语言理论研究的开端。[①] 在该篇论文中,他提出语言中有三个范畴,即单位(unit)、成分(element)和类别(clas),并用汉语例子解释了这三者之间的关系,还讨论了汉语小句中"旧"(given)信息与"新"(new)信息的区别,同时也谈到"系统"选择中的"盖然"(probabilistic)问题。所以说,该篇论文的初步理论框架为后来的系统功能理论奠定了坚实的基础。

语言学理论应该包含一个由相关范畴组成的体系,体系中的范畴应该能解

---

① 韩礼德. 现代汉语语法范畴 [J]. 国外语言学,1981(2).

释语言材料；同时，这个理论还应该有一套把范畴和语言材料联系在一起的抽象"阶（scales）"。语言材料可以在不同的"层次（level）"上进行解释，最基本的层次是"形式（form）""实体（substance）"和"语境（context）"。"实体"指声音上或书写上的语言表现形式；"形式"指把"实体"排列成有意义的格局，而"语境"则是把语言形式与它们的使用场合联系起来的中间层次。韩礼德把系统当成一个基本的语法范畴，对后来系统语法的形成起了重要作用，① 下面具体介绍范畴语法和阶的有关概念。

1. 四个语法范畴

（1）单位（unit）

单位是用来说明语言中具有语法模式的语段。这种语段有大有小，大的可以套住小的，这里所谓的大小反映的是形式关系。根据英语的实际情况，韩礼德提出了"句""小句""词组/短语""词"和"语素"五级单位。②

（2）结构（structure）

结构是组合关系模式的最高抽象。结构是句子成分在"位置"上有顺序的排列。

（3）类别（class）

类别说明的是聚合关系，类别这个范畴的识别必须结合它在上级单位结构中的活动情况。

（4）系统（system）

所谓"系统"，是由一组特点组成的网。如果进入该系统的条件得到满足，那么就选出一个特点，而且只选出一个特点。从某一特定系统网中形成的特点进行的任何选择，就构成对某一单位的系统的描写。可见，系统从其外部形式上看，就是一份可供说话者有效地进行选择的清单。系统之间的种种关系，可以由系统网络（system network）来表示。系统存在于所有的语言层，如语义层、语法层和音位层，它们都有各自的系统来表示本层次的语义潜势。系统功能语法采用包含"与/或"（and/or）逻辑关系的非循环有向图来表示语法，这样的语法就是系统网络。

2. 三个阶

包括级、说明和精密度。这三种阶分别相当于"等级体系（hierarchy）""分类学（taxonomy）"和"连续体（cline）"的概念。

---

① 楚军. 句法学 第2版 [M]. 成都：电子科技大学出版社，2014：131.
② 李军华. 语言与语言学理论专题十二讲 [M]. 湘潭：湘潭大学出版社，2016：280.

(1) 级阶（rank）

级阶意为"包括"，指一个项目系统沿着一个单一的方向有联系，它必须包括某些形式上的、逻辑上的先后顺序，也就是由最高层的单位向最底层的单位移动。级阶理论容许向下移动的"级转移（rank shift）"，即一个已知单位可以移至下一级，但下级单位不能上移。换句话说，一个单位可以包括一个在级阶上与自己相等或高于自己的单位，但不能包括在级阶上低于自己的单位。

(2) 说明阶（exponence）

说明阶可以将理论框架中高度抽象的范畴与语言资料联系起来。一个范畴可以用其他范畴来说明。比如，属于结构范畴的"冠词+形容词+名词"可以由类别范畴的名词词组加以说明；属于类别范畴的名词词组可以用"名词""形容词""冠词"等单位来说明。

(3) 精密度阶（delicacy）

精密度阶是表示范畴的区别或详细程度的阶。它是一个连续体，一端是结构和类范畴中的基本等级，另一端是对该等级不能再细分的语法关系。在描写时，精密度是可变化的。精密度的任何延伸都要求对大规模的语篇研究作频率统计，并对复杂的次分类制定多种标准。精密度阶不仅能使语义区别越来越精确，而且还可以表示一种依赖关系（dependency）。我们可以先从最概括的意义入手，然后根据需要逐步将意义进行越来越细致的划分。

(二) 系统的构成

在系统语法中，语言被认为是"系统的系统"（system of systems）。系统语法试图建立各种相互关联的系统网络，从而解释在语言中各种与语义相关的选择。

1. 系统的结构

笼统地讲，系统中存在链锁系统（chain system）和选择系统（choice system）：伴随着话语次序出现的维度是链状轴（axis of chain），而沿着纵线出现的基本模型则构成选择轴（axis of choice）。链状轴代表组合关系，选择轴代表聚合关系。出现在选择轴上的是对比关系。如果没有对比，语言就失去了交际的作用。链状轴处理语法的表层，选择轴处理语法的意义。

2. 系统单位和成分的选择

系统语法首先关注各种各样的选择的本质，一个人从各种系统中做出有意或无意的选择，才能根据某种语言里蕴藏的无数个句子说出某一个特定的句子。系统语法的核心部分是构建句子的一整套有效选择的图表，并且配有对不同选择之间关系的详细说明。

(三) 意义潜势和体现关系

意义是人类经验的物质层面与意识层面相互融合的结果。这两者的融合形成"内容层面"（the plane of content）和"表达层面"（the plane of expression），介乎两个层面之间有一个接面（interface）—弹性的空间层面（如词汇语法层面）。

这就从理论上解释了为何意义是一种潜势，而人类表达意义的过程实际上是一个创造意义的过程。在表达意义时，人们通常在系统网络中进行有意识的选择。当人们选定某个项目，就意味着某种要表达的意义也已被选择。从这个意义上讲，选择就是意义。比如，在语气系统中，如果我们选择使用陈述句，这就意味着我们想要表达陈述语气所蕴涵的意义。在一个系统中的所有项目都是可供选择的潜在意义，这也被称为"意义潜势"。

从语言的层次观可以看出语义实际上是对各层次的表现形式做出多项选择的结果，也就是说，人们说话就是从行为层到意义层再到语法层的一次次选择。①

二、功能语法理论

语言是人类社会活动的产物，是人类进行交际的重要工具，承担着不同的语言功能。

（一）概念功能

语言的概念功能包括经验功能（experiential function）和逻辑功能（logical function）。下面分别对经验功能和逻辑功能的表现形式进行总结。

1. 经验功能的表现形式

经验功能指的是人类利用语言对现实世界中不同经历的表达。一般来说，经验功能主要是通过"及物性"（transitivity）和"语态"（voice）得到体现的。

（1）及物性

及物性主要是从语义角度进行研究的，指的是将人们在现实世界中的言语行为进行拆分，将其分为以下 6 个不同的"过程"，并且指出了不同过程中的"参与者"及"环境成分"等。

①物质过程（material process）

物质过程指的是某件事的过程，一般通过动态动词表示"动作者"，由名

---

① 李军华. 语言与语言学理论专题十二讲［M］. 湘潭：湘潭大学出版社，2016：286.

词或代词来表示"动作者"(Actor)和动作的"目标"(Goal)。

当一个物质过程既有动作者又有目标,所有的小句既可以是主动语态,也可以是被动语态。

②心理过程(mental process)

心理过程指的是"感觉""反应"和"认知"等的心理活动过程。这个过程主要由"感知者"(Senser)和"现象"(Phenomenon)参加。感知者是心理活动的主体,现象则为被感知的客体。心理过程的现象既可以指具体的人或物,也可以指抽象的东西或发生的事件。

③关系过程(relational process)

关系过程主要反映的是事物处于何种关系的过程,可以分为"归属"类与"识别"类。

④行为过程(behavioral process)

行为过程指的是诸如呼吸、叹息、苦笑等生理活动过程,其一般只有一个参与者,即"行为者"(Behaver),行为者通常是人。

⑤言语过程(verbal process)

言语过程就是通过讲话交流信息的过程。在言语过程中,"讲话者"一定是人。

⑥存在过程(existential process)

存在过程是表示某物存在的过程。存在过程最常采用的动词是 be,而且一定有一个"存在物"(Existent)。

(2)语态

在功能语法中,如果说及物性是以交代各种过程及其有关的参与者和环境成分来反映语言的概念功能,语态则是以交代某一过程首先与哪一个参与者建立联系。①

语态可分为"中动"和"非中动"两大类,其中非中动语态又可以进一步分为主动和被动两种形式。

(1)中动语态

当某个过程本身只与一个参与者有关,不涉及其他参与者时,则说明这个过程中的小句处于中动语态。

(2)非中动语态

当某个过程与两个或两个以上的参与者有关,表现这个过程的小句就处于

---

① 胡壮麟. 朱永生,张德禄,李战子. 系统功能语言学概论(修订本)[M]. 北京:北京大学出版社,2008:95.

非中动语态,其具体包含主动语态和被动语态两种类型。

2. 逻辑功能的表现形式

所谓逻辑功能,是指语言所具备的反映两个或两个以上语言单位之间逻辑语义关系的功能。可从相互依存(interde-pendency)和逻辑语义关系(logical-semantic relation)两个方面来研究和分析逻辑功能。

(1) 相互依存

相互依存是指任何两个不同语言单位之间的各种依赖关系。相互依存具体分为两种:并列关系和主从关系。

并列是指两个或两个以上的语言单位同等重要。并列关系既可以出现在词复合体中,也可以出现在小句复合体中。主从是指两个或两个以上的语言单位在逻辑和语义上处于不同的地位,其中的一个单位要比其余单位重要,其他单位要依附于这个单位。主从关系同并列关系一样,既可以出现在词复合体中,也可以出现在小句复合体中。

(2) 逻辑语义关系

语言单位之间的逻辑语义关系大致分为两类:扩展和投射。

①扩展

扩展是指一个词或一个小句在语义上对另一个词或小句进行扩充。扩充的形式有三种,分别是详述、延伸和增强。

详述是指通过变换说法来表示已经表述的语义,两种说法在内容上是相同的。延伸是指在原来的语义上增添新的内容。增强是指通过交代时间、地点、因果等环境因素来对小句语义加以说明。

②投射

投射指的是由一个小句引出另一个小句的现象。其中,被投射的小句可以是某人说的话,即"话语",话语可以是直接引语,也可以是间接引语。

此外,被投射的小句还可以是某人的想法,即"注意",注意可以是直接引语,也可以是间接引语。

(二) 语篇功能

语言的功能最终是通过有意义的表达进行展现。"语篇"(text)就是有意义表述的集合体。语篇从属于语义的范畴,语篇功能具体指的是将语言成分组织成为语篇的功能。一般来说,语篇功能主要是通过主位结构、信息结构和衔接三种方式实现的。

1. 主位结构

依据主位结构本身的复杂程度,可将其分为单项主位(simple theme)、复项主位（multiple theme）和句项主位（clausal theme）三种。

单项主位是指那些只包含概念成分而不包含人际成分和语篇成分的主位。复项主位一般是由多种语义成分构成的主位类型，具体包括表示概念意义的成分、语篇意义的成分以及人际意义的成分。如果一个主位中同时出现这三种成分，那么它们的排列顺序是语篇成分先于人际成分，人际成分先于概念成分。句项主位通常只包含概念成分，是指本质上也是单项主位。

研究主位结构并不仅仅是为了解每个孤立的小句包含什么主位结构，而是要知道整个语篇的主位是如何一步步向前推进的，也就是了解主位推进模式。

2. 信息结构

信息结构指的是将语言组织成为"信息单位"（information）的结构。

在信息交流中，信息单位是最基本的单位。而所谓信息交流，就是言语活动中已知信息与新信息之间的相互作用。可以说，信息结构就是已知信息与信息相互作用而构成的信息单位的结构。

信息单位的基本构成形式是：已知信息+新信息。可以看出，在每个信息单位中，新信息是必须要存在的，没有新信息的单位是不完整的，也是不能成立的，而已知信息则是可以取舍的。

3. 衔接

衔接是一个语义概念，是指语篇中语言成分之间的语义联系。当语篇中的一个成分依赖于另一个成分的解释时，衔接关系便产生了。

第二节　系统功能语言学蕴含的重要思想与研究进展

一、系统功能语言学蕴含的重要思想

（一）元功能的思想

语言的性质决定人们对语言的要求，即语言所必须完成的功能。这些功能是千变万化的，具有无限的可能性，可被归纳为若干个有限的、抽象的、更具概括性的功能，这就是"元功能"或"纯理功能"。

语言是对存在于主客观世界的过程和事物的反映，这是"经验"功能。在语言中还有"逻辑"功能，该功能以表现并列关系和从属关系的线性循环

结构的形式出现。由于两者都是建立在讲话者对外部世界和内心世界的经验之上，与其他功能相比较是中性的，因而可统称为"概念"元功能。

语言是社会人的有意义的活动，是做事的手段，是动作，因此它的功能必然是反映人与人之间的关系，或是对话轮的选择做出规定，或是对事物的可能性和出现的频率表示自己的判断和估测，或是反映讲话者与听话者之间的社会地位和亲疏关系。这个元功能被称为"人际"元功能。

人们实际使用中的语言的基本单位不是词或句这样的语法单位，而是相对来说表达的是完整思想的"语篇"。上述的概念功能和人际功能最后要由讲话者把它们组织成语篇才能实现，这就是"语篇"元功能。语篇功能是指语言与语境发生联系，使讲话者只能生成与情景相一致和相称的语篇。至于三大功能之间的主次之分，韩礼德认为心理语言学可能会强调概念功能，社会语言学可能会强调人际功能，而他本人则坚持这三个纯理功能或元功能是三位一体的，不存在主次问题。而且，这三大功能不是离散性的成分，它们可以通过整体结构来体现，互相重叠。

（二）系统的思想

在现代语言学理论中，瑞士语言学家索绪尔最早提出语言系统的概念，并把语言系统称作一个包括能指和所指两个方面的符号系统。从此以后，大多数语言学家都把语言系统看成是"系统的系统"。系统的概念在伦敦学派和哥本哈根学派中有了新的定义。弗斯把语言的聚合关系叫作"系统"，把语言的组合关系叫作"结构"。

韩礼德的系统思想是把语言系统解释成一种可进行语义选择的网络，当有关系统的每个步骤逐一实现后，便可产生结构。这就是说，系统理论是在使用中演变的，离开语言使用者的实践，它就不会存在。

（二）层次的思想

语言是有层次的，至少包括语义层、词汇语法层和音系层。语言实际上包含内容、表达和实体三个层次，因而语言不完全是索绪尔所说的单个符号系统，而是在各个层次之间具有相互关系的系统。

各个层次之间存在着"体现"关系，即对"意义"的选择（语义层）体现于对"形式"（词汇语法层）的选择，对"形式"的选择又体现于对"实体"（音系层）的选择。

根据体现的观点，语言又可被看作一个多重代码系统，即由一个系统代入另一个系统，然后又代入另一个系统，具体内容如下。

意义（代码于）→措辞（又代码于）→语音（或文字）

语义学（体现于）→词汇语法学或句法学（又体现于）→音系学（字音学）

采用层次的概念可以使我们对语言本质的了解扩展到语言的外部，因为语义层实际上是语言系统对语境，即行为层或社会符号层的体现。正是在这个意义上，可以把语义层看成是一个接面，以连接词汇语法学和更高层面的符号学。

（四）功能的思想

韩礼德的功能思想属于语义分析的范畴。与元功能不同，这里所说的功能是形式化的意义潜势的离散部分，即构成一个在语句中起具体作用的语义成分。词汇语法中的成分或结构只是它的表达形式。例如在及物性系统所体现的概念功能中，语气系统包含"语气"和"剩余部分"等功能成分，主位系统包含"主位"和"述位"两个功能成分，信息系统包含"已知信息"和"新信息"两个功能成分。韩礼德关于语境的思想可追溯至马林诺夫斯基和弗斯的思想。

（五）语境的思想

韩礼德关于语境的思想表明，语言是一种有规律的资源，可用来说明语境中的意义，而语言学则是研究人们如何通过使用语言来交流意义。这也意味着语言是自然存在的，因而必须在语境中研究。简单地说，系统功能语言学理论表明，已知语境的特定方面（如讨论的主题、语言使用者和交际方式）能确定可能要表达的语义和为了表达那些意义而可能使用的语言。

二、系统功能语言学的研究进展

（一）系统功能语言学与神经认知语言学

系统功能语言学需要借鉴认知科学和认知神经科学的新近研究成果，提出新的理论，提供新的研究思路和方法。神经认知语言学的理论目标首先是构建一个人脑语言系统的理论，即表述语言信息在人脑中的表征；表述语言系统的操作原理。在神经认知语言学中，语言的网络关系仍然是研究的重点，并且弄清楚语言现象的脑神经加工机制有助于验证相关的系统功能语言学的理论假设是否有相应的神经基础，可以帮助研究者对相关理论假设做出修正，真正促进系统功能语言学理论的升华，使之成为真正的科学理论。而系统功能语言学也将语言看作是一个由诸多子系统组成的系统网络，通过系统对语言进行形式化描写，二者在这一点上有共通之处。系统功能语言学的理论观点一直以来也缺乏系统的认知神经研究的验证，几十年来，系统功能理论积累下来的大量研究课题和成果都有待认知神经语言学的检验、修正或改进。今后，系统功能语言学与认知神经语言学相结合的规划和研究应该还有巨大的研究空间。但目前国内这方面的研究严重缺乏，仅见 Zhang&Guo 运用 ERP 实验心理学的方法研究系统功能语言学评价理论中区分的三种情感评价词汇类别：情感、鉴赏和判定，研究结果表明当需要深度的语义加工时，人们对评价理论中所区分出的三类情感词汇的加工方式是不同的。研究结果证实了评价理论对态度资源所做出的分类的合理性和科学性，为态度资源的范畴化提供了有力的神经生物学证据。我们相信系统功能语言学同认知神经语言学的跨学科交叉研究前景将会更加令人期待。认知神经网络技术的发展将为系统功能语言学的神经基础的研究带来机遇，值得更多学者关切并做深度的细究。

（二）系统功能路径的司法话语研究

法学研究的语言转向催生了语言学路向的法学研究，法律语篇分析成为语言学研究和应用的重要领域。上海交通大学王振华带领团队从事的司法语言研究在国内独树一帜，是国内系统功能语言学研究的重要课题。王振华[①]，王品、王振华[②]，王振华、田华静[③]，于梅欣、王振华[④]等将法律语篇视为一种社会过程，认为法律语言通过合理分布人际语义的资源来促进社会过程的实现，他们主要考察法律语篇的谋篇语义，构建了作为社会过程的法律语篇的语言学分析框架。该团队借用语境理论、语类理论、人际语义理论、实现化、示例化和个体化等理论，以法律语篇作为研究对象，旨在解释语篇内在的逻辑性，阐释法律语篇所呈现语义的整体性以及系统性。其研究借用系统功能语篇语义学理论作为研究法律语篇语言意义的分析工具，在结合社会语境和语义的基础上，致力于对司法语篇中的语义提供尽量客观明晰的解释。研究路径主要聚焦于概念系统和联结系统这两个语篇语义系统，前者主要识解语篇的经验意义，后者专注于语篇内部逻辑关系的探究。该领域的研究有助于我国的司法语言研究，对于司法实践也可起到一定的借鉴作用。语言学路向的法律语言研究将为作为社会过程的法律语篇提供更为准确合理的解释。

---

① 王振华．詹姆斯·马丁的司法语言研究及其启示［J］．当代外语研究，2012（1）．
② 王品，王振华．作为社会过程的法律语篇与概念意义研究［J］．当代修辞学，2016（4）．
③ 王振华，田华静．作为社会过程的法律语篇——系统功能语言学框架下的语篇语义观［J］．语言学研究，2017（1）．
④ 于梅欣，王振华．我国法律语言中"其他"一词的语篇语义分析［J］．当代修辞学，2017（6）．

(三) 系统功能语言学与语料库研究

系统功能语言学发轫之初即与语料库研究有着天然的联系，与语料库的研究方法高度兼容，因此语料库在语言系统的建构中具有不可轻忽的作用。语言理论就是在对大量的事实语篇研究分析的基础上产生的，因此二者最初的结合是必然的，也是必要的。语料库语言学作为新数据的源泉、或然性的来源和计算机模拟语言处理的组成部分，不仅在语言生成方面，而且在语言理解方面都有不可替代的作用。语料库语言学的学科属性属于哲学上的经验主义，认同功能语言学的理论观点。语料库研究和系统功能的思想与方法源于弗斯的语言学理论，二者都秉持经验哲学观，都将语言视为一种社会现象，以语言的使用、真实语篇为基础来研究语言的规律和特点，并形成语言学理论。二者相互借鉴不但有助于拓展彼此的研究范围，而且有助于丰富彼此的研究成果，二者存在互利共生、相互促进的关系。彭宣维等[1]基于系统功能语法中的评价范畴研制了"汉英对应评价意义语料库"（CEPCAM）。彭宣维[2]指出系统功能语言学视角下的计算语言学研究在中国至今仍然是一个弱项。我们认为基于语料库的量化和质化研究方法在今后系统功能语言学的研究中一定会大有作为。对不同人群语料库的创建，如老年人话语语料库、婴幼儿言语语料库以及大脑损伤病人的言语语料库的创建，都有助于为今后的针对性研究提供大量可靠的数据支持。

(四) 系统功能语言学与病理语言学

国外有研究者将及物性理论引入到失语症、外伤性脑损伤所致的认知交际障碍、痴呆症、儿童多动症等的研究中。系统功能语言学的语气、情态、主述位等理论也被应用到外伤性脑损伤、右脑损伤引发的语言障碍以及痴呆症等临床研究领域。国内这一交叉领域的研究还很少见，赵俊海[3]从系统功能语言学视角对阿尔茨海默症患者话语的进行了研究。研究表明，不同的病人因大脑不同部位受到损伤，导致了言语障碍呈现出不同语言层次上的受损，如语音层、词汇语法等。系统功能语言学的理论的应用对不同言语障碍的脑神经加工机制受损的层次的诊断和研究意义重大。系统功能语言学对于言语障碍的临床诊断、治疗和后期康复可起到积极的理论指导意义。同时，研究结果也可以反哺

---

[1] 彭宣维, 刘玉洁等. 汉英评价意义分析手册——评价语料库的语料处理原则与研制方案 [M]. 北京：北京大学出版社, 2015：29.

[2] 彭宣维. 系统功能语言学的学理及发展走向 [J]. 中国外语, 2017 (1).

[3] 赵俊海. 阿尔茨海默症患者话语的系统功能语言学研究 [D]. 重庆：西南大学, 2012.

系统功能语言学，有助于语言学理论的建构，希望国内有很多学者关注此跨学科领域的研究，展开更为深入、系统的研究。

（五）系统功能视角的汉语句法研究

系统功能语言学视角的汉语研究是其理论上的回归，在解决汉语研究问题时表现出强大的解释力。系统功能语言学的句法理论是仍在持续演进、发展的理论模型，国内研究应建立在对这套理论模型的核心理念和方法的深刻反思和理解的基础上。我们需要重新审视和研究其句法理论，不能耽于对英语语法的曲为比附，应避免盲目生搬硬套，应当基于汉语的事实重新对其加以评判，重新认识理论的价值和功用。加的夫句法框架下的汉语研究发展迅速，具有独特的研究价值，为汉语语法研究以及英汉对比研究开启了一条新路。国内从系统功能语法视角进行的汉语研究综述可参见张敬源、王文峰[1]的综述文章。何伟、仲伟[2]从功能语法视角下探讨了汉语小句，研究认为汉语中也存在限定与非限定小句之分，从是否表示首要时态意义视角提出了二者的区分标准。张存玉[3]从功能视角对现代汉语的时间系统进行了细致的研究，构建了汉语时间系统分析框架。汉语中"的"字的功能汉语学界众说纷纭，淡晓红[4]从系统功能视角对此给出了新的见解。彭宣维[5]对现代汉语进行了专题研究，取得了丰硕成果，以系统功能语言学扩展模式为依托，深入探讨了汉语的主语和主语结构问题。淡晓红、何伟[6]在功能视角下对现代汉语中的新"被"字结构中"被"字的语义及句法地位进行了分析。何伟、薛杰[7]在加的夫语法框架下对汉语"动量词"结构进行了研究。张红燕、李满亮[8]运用悉尼语法和加的夫语法的句法理论对修饰语为分类度量短语的汉语名词词组进行细致描写。以上都是近年来国内取得的创新成果，对这些语法现象的研究将对检验和丰富句法理论提

---

① 张敬源，王文峰. 中国加的夫语法研究二十年：回顾、思索与展望［J］. 外语研究，2016（5）.
② 何伟，仲伟. 系统功能语法视角下汉语小句的限定与非限定之分［J］. 外语教学，2017（5）.
③ 张存玉. 系统功能语法视角下的现代汉语时间系统［D］. 北京：北京科技大学，2017.
④ 淡晓红. 现代汉语独立"的"字结构的功能视角研究［J］. 北京科技大学学报（社会科学版），2016（1）.
⑤ 彭宣维. 从系统功能语言学扩展模式谈汉语的主语和主语结构［J］. 西华师范大学学报（哲学社会科学版），2016（2）.
⑥ 淡晓红，何伟. 新"被"字结构之功能视角研究［J］. 西安外国语大学学报，2017（3）.
⑦ 何伟，薛杰. 汉语"动量词"之加的夫语法视角研究［J］. 解放军外国语学院学报，2018（1）.
⑧ 张红燕，李满亮. 分类度量短语作为修饰语的汉语名词词组之系统功能语言学分析［J］. 北京科技大学学报（社会科学版），2017（6）.

供有价值的参考,有助于澄清汉语句法研究中长期存在的一些争议。我们认为此方面的本土化研究还应当致力于构建系统功能语言学视角的汉语语法体系。

(六) 系统功能语言学与自然语言处理

自然语言处理是系统功能语言学应用研究的一个重要领域,在国外受到很多关注,有不少研究成果出现。国内对其在机器翻译、语言切分、语言生成、人机对话等方面的研究严重不足。李学宁、董剑桥[①]介绍了韩礼德的机器翻译思想,指出韩礼德提出的理论观点至今看来依然切中肯綮,还指出了韩礼德的机器翻译研究存在的不足和缺陷。刘志伟、李学宁[②]向国内学界介绍了系统功能理论在自然语言处理方面已经取得的成果。李学宁、范新莹[③]发现了语篇生成系统 PENMAM 的不足,提出了两种改进系统网络表示法的途径。徐大明[④]认为自然语言处理多应用语法为中心的语言理论的指导,导致目前面临语义处理难题。他认为除大力突破语义处理的瓶颈外,还应当增加语境语义的层次,语境语义的系统化研究和应用应该成为语义处理的突破口。而系统功能语言学对语境的研究较为深入,对其也进行了精细的形式化描写,我们认为其语境模型可能成为可资借鉴的模式。系统功能语言学理论在同自然语言处理的融合方面显示出了较为明显的理论优势,在未来研究中必有用武之地。系统功能语言学在自然语言处理方面的应用研究在国内受到的关注度不够,计算科学的研究方法的介入有助于拓宽系统功能语言学对语言的描写和阐释,我们希望今后有更多的研究者投入此领域的研究中。

(七) 系统功能路径的生态语言学

近几年,生态语言学在国内外语学术界方兴未艾,作为新兴交叉学科备受关注。生态语言学研究的韩礼德模式以及新兴的批评生态语言学研究具有重要的启发意义,正在唤起学界对这一领域研究热情。黄国文[⑤]、黄国文、陈旸[⑥]、

---

① 李学宁,董剑桥. 韩礼德的机器翻译思想初探 [J]. 中国外语,2012 (3).
② 刘志伟,李学宁. 系统功能语言学在自然语言处理中的应用 [J]. 上饶师范学院学报,2014 (2).
③ 李学宁,范新莹. 系统功能语言学的知识表示方法研究 [J]. 北京科技大学学报 (社会科学版),2015 (3).
④ 徐大明. 语言学理论对自然语言处理的影响和作用 [J]. 云南师范大学学报 (哲学社会科学版),2017 (3).
⑤ 黄国文. 生态语言学的兴起与发展 [J]. 中国外语,2016 (1).
⑥ 黄国文,陈旸. 作为新兴学科的生态语言学 [J]. 中国外语,2017 (5).

何伟、魏榕①、何伟、张瑞杰②等学者对系统功能语言学路径的生态语言学研究引介方面做出了重要贡献,对这一新兴学科的理论基础、学科定位、研究方法等做了较为深入的探讨。研究以系统功能的理论框架为依托,构建了具有实际操作性的生态话语分析模式,还创新性地提出了国际生态话语概念,构建了适合国际生态话语特点的及物性分析模式。生态话语分析、和谐话语分析的理论建构和实践、生态语言学与教学研究、生态语言学本土化研究等多个领域有待进一步深入挖掘和研究。

(八) 系统功能语言与语言类型学

语言类型学的研究专注于跨语言的差异性和共性研究,旨在对不同语言的结构和句法功能做出规律性的概括。至今,国内只有少数学者对系统功能语言学的类型学研究进行了理论探讨,如辛志英、黄国文③,王勇、徐杰④,杨曙、常晨光⑤等概括性地介绍了系统功能类型学的渊源、理论基础、研究目标以及研究方法。系统功能语言学为类型学研究提供了多个研究参项和理论基础,系统思想、元功能思想、级阶思想、示例化等都为类型学提供了参照,系统功能类型学注重对语言系统的描写,强调语言的三大元功能的研究。系统功能语言学路径下的语言类型学研究是一片学术新领地,目前只有个别学者对其有所关注。何伟、张存玉⑥从系统功能类型学的视角考察了英语、韩语、日语、法语、汉语和尼泊尔语6种语言中表达气象意义的小句的及物性。李素琴⑦基于系统功能类型学对中国少数民族语言白语的小句展开了类型学研究,该研究是国内较早的对除汉语以外的其他语言展开研究的实践尝试。

系统功能语言学具有很强的跨学科性质和适用性,但是也存在基础性理论研究不充分、整合性研究不够和整体框架有待深入等诸多问题。国内外语界正在将系统功能语言学的理论研究和应用实践推向一个新的水平,无论在理论的基础建构和完善方面还是在理论的适用性研究方面均有新进展和新突破。展望未来,我们认为以下几个方面具有很大的研究空间和潜力,值得学者持续关注

---

① 何伟,魏榕. 国际生态话语之及物性分析模式构建 [J]. 现代外语, 2017 (5).
② 何伟,张瑞杰. 生态话语分析模式构建 [J]. 中国外语, 2017 (5).
③ 辛志英,黄国文. 系统功能类型学: 理论、目标与方法 [J]. 外语学刊, 2010 (5).
④ 王勇,徐杰. 系统功能语言学与语言类型学 [J]. 外国语, 2011 (3).
⑤ 杨曙,常晨光. 系统功能类型学 [J]. 外语与外语教学, 2013 (4).
⑥ 何伟,张存玉. 表达气象意义小句的及物性研究: 系统功能类型学视角 [J]. 解放军外国语学院学报, 2016 (1).
⑦ 李素琴. 基于系统功能类型学的白语小句研究 [D]. 重庆: 西南大学, 2016.

并进行拓展研究。

首先，对现有理论的重新审视和扩展。系统功能语言学理论在发展过程中又诞生出新的理论和思想，如个体化理论、合法化语码理论等就是新发展起来的理论模型，这些课题尚未得到足够关注，有待研究者的细究。

其次，与其他理论学科的互动互鉴。未来研究当加强对系统功能理论与其他理论流派之间的相互借鉴问题的研究，加强与其他学科的交叉融合，这不但有助于拓展彼此的研究领域，而且还有助于丰富彼此的研究成果，合作和互动有助于推动相关学科向前发展。研究也可吸收与借鉴认知科学、神经语言学和心理学等其他学科的最新研究成果，充实并完善理论框架，继续深入探究功能理论与其他学科及理论之间的界面关系研究。系统功能语言学与认知语言学的界面研究严重匮乏，应当加强两个学科之间的协同和融合。系统功能语言学强大的语言学理论基础使得其在认知科学、语言教学、媒体语言学、教育语言学、病理语言学、法律语言学、美学语言学、伦理语言学等领域有着较为广阔的研究空间。

最后，推进理论的适用性研究。系统功能语言学的适用性源自以问题为导向的理论思考，旨在解决语言应用中面临的各种实际问题。语言学理论的应用是推动语言学理论发展的动力和源泉，对语言学理论有反哺作用。我们发现系统功能语言学理论的应用方面已经取得了可喜的成就，特别是在翻译研究、语篇分析、多模态话语分析等方面的成果日趋成熟。功能语言学观照下的认知神经语言学研究、生态语言学、病理语言学、自然语言处理、功能类型学等方面的问题在国内方兴未艾，都是值得今后不断发掘和探索的新领地。特别是国内学界对系统功能路向的病理语言学的研究着力不足，系统功能语言学在该领域的适用性研究的内容有待进一步细化和深化。我们相信随着系统功能语言学与其他学科日渐融合，这种局面会得到改观，会呈现出广阔的发展前景。

第三节　基于系统功能语言学的大学英语教学实践

一、基于系统功能语言学的大学英语口语体演文化教学

语言即文化行为，学习语言就是演练目标文化。体演文化教学法能为学生提供真实的语境，使学生通过亲身体验获得文化知识。将体演文化教学法运用

于英语口语教学中，要求教师引导学生扮演不同的角色，以此形象地复现课文的情景。

体演文化法口语教学模式注重在课堂教学中进行文化演练。教师可以借助有感染力的话语、现代教育技术，创设生动、逼真的教学情境，使教学内容得到形象地呈现，这样学生不仅能理解课文的内容，而且能在扮演中体验，最后掌握目标语言。例如，英语礼貌用语 sorry 在不同的情境中有不同的内涵，教师可以通过构建一个体演框架来解释这一语言行为的意义，学生便会记住这些内容，以便在未来可能遇到的社会环境中得体地表达自己。

（一）课程类型

体演文化法口语教学模式聚焦于文化规范及学生真实交谈技能的发展，因此需要开展两种类型的课程，即理论课和实践课。实践课是体演文化教学法的真正焦点，理论课则是为之提供必要的辅助。

在理论课上，教师要引导学生进行语言和文化关系的讨论，可以从词语文化和话语文化两个方面进行。词语文化主要包括习语、词语在文化含义上的不等值性、字面意义相同的词语在文化上的不同含义，以及民族文化中特有的事物与概念在词汇语义上的呈现；话语文化主要包括话题的选择、语码的选择、话语的组织。通过这两个方面的文化导入，能使学生更好地理解文化对语言的影响和制约。

在实践课上，教师要创设一定的文化场景，以便为学生提供在目的语文化中进行问候、道歉或者订餐等具体的体演机会，且学生应了解体演五元素——时间、地点、角色、脚本和观众。教师最好使用学生的目的语教授，因为一种语言学习的最终目标是学生将来能在目的文化中恰当地运用目的语。

（二）基本程序

体演文化法口语教学模式的核心：在目的语境中学习语言和文化并经过反复演练将其存储到长期记忆中，期待学生将来在目的语环境中能正确判断他人的意图，然后将记忆中积累的语言和文化调出来，进行得体有效的交际。因此，体演文化法口语教学模式应该包含以下三个基本步骤。

1. 构建语境

构建语境是该教学法开展的基础。首先，选择道具、设计教室。所以提供的图片或画图都应简单明了，要重视真实语言情境的构建，但更要重视任务的真实性，要考虑学生是否有机会遇到类似的场景，操练的内容一定要与实际生活相联系，并按故事发展情节等顺序安排。其次，教师要帮学生构建语境，包括所处的地方、所从事的任务、所扮演的角色等。教师最好让学生先操练学过的语言，给他们真实沟通的机会。

2. 变更语境

之所以要变更语境，主要有以下几点原因：语言和行为随着语境的变化而变化；学生需要具备识别语境的能力，才能应对未来复杂多样的语境；课堂语境无法涵盖所有真实语境，学生要能够将所学的知识在新的语境中加以应用。

语境的变动要逐步进行，并且清楚、简单、真实。更改语境不是随意的行为，而要遵循一定的方法。这些方法包括：替换，让学生学习新的词汇或句型；扩大对话练习，培养流利程度；一次换一个因素，如换职务等，锻炼学生的应用能力。根据改变做几次练习让学生掌握之后才能再改，然后慢慢地扩大使之变成小对话。

3. 反馈与评价

首先，趁学生对场景和自己的练习有记忆之时，教师要给予及时、清晰地反馈。此时，教师要培养学生获得反馈信息的技能，以便于学生知道错误的具体信息并知道如何改正错误。之后，教师要让学生知道自己的情况，并督促学生进行下一步的学习。

（三）基本方法

1. 运用丰富多彩的教学资料

通常情况下，统一的口语教材多强调传统的文化交际内容，与实际不断变化的口语交际文化有些不协调。实际口语交际具有很强的实践性，而且所涉及的文化范围十分广泛。这就要求教师要拓宽教学内容的范围，运用丰富多彩的教学资料，激发学生的表达意愿。具体来讲，教师可采用固定教材与补充资料相结合的方法，以克服教材单一的弊端，并通过补充资料使学生接触更加丰富的口语知识，进而从真正意义上培养学生的口语交际能力。

2. 培养学生的文化差异敏感性

在口语教学中培养学生的文化差异敏感性非常重要，它是提高学生口语交际能力的关键。而要想提高学生的文化差异敏感性，使学生对各种文化有一定的了解，逐渐消除文化成见对他们的消极影响。这也就需要教师收集大量的典型信息，借助语境化的材料，将抽象文化与具体文化结合起来，并通过对比的方法培养学生对中西文化差异的敏感性，进而为学生的口语交际奠定基础。

3. 频繁进行口语演练

要想提高学生的文化差异敏感性，就要让学生频繁地进行文化体验，因此教师要让学生参与形式多样的学习活动和练习活动，不断加强他们对中西方文化差异的把握。在具体的练习活动中教师要遵循由易到难、从具体到抽象的原则,以不断增强学生的自我效能感。在练习过程中,学生可以组织双人或小组对话,认真观察和体验同伴的应急反应,并及时做出纠正,如初定的对话场景是朋友之间打招呼,如果缺乏对文化差异的深度了解,谈话的主题很有可能会转移到年龄、职业等西方人所敏感的隐私话题上,此时学生之间可以相互提醒和纠正,这在锻炼口语能力的同时,也加深了他们对文化差异的认识。

4. 通过多种渠道提高口语能力

为了提高学生的口语表达能力和跨文化交际能力,教师可以通过多种渠道、多种手段,使学生吸收、体验不同民族的文化特点和差异。其中,欣赏影视作品就是加深文化了解的有效有段。影视作品作为一种直观有效的信息载体,可以带给学生一种震撼的感受,能充分调动学生各方面的感官。同时,学生还可以根据电影中的内容进行模仿,这一方面能激发学生的积极性,另一方面能更有效地提高学生的口语表达能力。

二、基于系统功能语言学的大学英语阅读"宏观—微观—宏观"教学

将功能语言学理论运用于英语阅读教学中能有效消除"形式主义"语言观对英语阅读教学带来的影响。功能语言学理论能够帮助学生更好地理解语言的含义,能够使学生深入挖掘语篇中隐藏于字里行间的深层意思,这对于提高学生的英语阅读水平意义重大。基于功能语言学理论的指导,英语教师可采用不同的教学模式展开教学。

"宏观—微观—宏观"教学模式是基于功能语言学、针对英语阅读教学的特征而设计出的一种全新的教学模式。这种教学模式对培养学生的阅读理解能力、提高英语阅读教学效率具有重要作用。

(一)宏观结构

1. 语篇体裁和篇章结构

按体裁来划分,英语语篇分为记叙文、议论文、说明文等,这些文体又广泛应用于广告、新闻、法律等。所以,英语阅读教学根据语篇体裁来组织教学,是一个非常好的切入点。文章的文体不同,其组织结构、章节安排等就会不同。分析篇章的结构可以从篇章的形式以及内容结构着手,常见的篇章结构有问题—解决模式、叙事模式、总论—分述模式。

2. 文化语境

语篇是语言的基本单位，在学习语音、词汇以及语法知识时都应考虑它们在语篇中所发挥的作用，这就将英语教学中所有项目的学习与语篇紧密联系在了一起。语境与语篇有着密切的关系，同时语境对语篇有着一定的影响作用。

文化语境主要通过语篇体裁来反映。每一个语篇都有其特定的体裁，对此在英语阅读教学中，教师可让学生了解语篇的体裁之后，向学生分析总体语境，使学生对文章的文化背景知识有所了解，同时教师还可结合多媒体展开教学，通过幻灯片、自制课件等方式介绍语篇的文化背景知识，从而激活学生已有的知识，进而为之后的语篇理解奠定基础。

(二) 微观结构

1. 确定重点形式项目

英语词汇一直都处于不断发展和变化中，每个人的词汇储备量都是有限的。因此，在阅读过程中遇到一些生词、短语和习语是不可避免的事情，而这些项目也就成了阅读理解的拦路虎。当遇到的生词较少时，凭借上下文语境以及其他信息就可以推测出这些生词的含义。但如果一个篇章中出现大量的生词，无论阅读技巧多么熟练，阅读速度和阅读质量都会降低。针对这种情况，教师应引导学生及时发现可能遇到的阅读障碍，具体做法是在阅读前通览全文，在不认识的词汇、短语、习语等出现的地方做上标记，将其作为重点克服的项目。

2. 教授重点形式项目

当学生在阅读中遇到陌生的单词、短语和习语时，教师应训练学生推测这些形式项目意义的能力，从而减少陌生词语为学生阅读带来的消极影响。具体而言，教师可引导学生从词语的语篇功能角度来推测陌生词语的含义。

3. 强化与扩展

推测出了生词在语篇中的含义并不代表阅读的结束，学生还需要继续了解词汇的系统特征，具体包括生词与其他词汇的语义关系、生词与其他词汇的搭配关系、生词在其他语境中的功能与意义，以便为今后的阅读奠定基础。如果条件允许，教师可利用生词在语篇中的功能、搭配、意义等来向学生介绍单词的系统特征。

4. 语法结构的分析

当确定、教授和扩展形式项目后，教师应从不同角度对语篇中的小句进行分析，也就是从及物性结构、语气结构、主位结构等角度对语篇的整体语法特点进行分析。

5. 意义分析

在结束语法分析之后，接下来就要根据语法分析来认识意义。从及物性结构上讲，上述语篇由以下几个部分组成：第一是物质过程；第二是关系过程；第三是心理过程；第四是话语过程。

6. 语境推测

接下来，教师应引导学生对语篇进行情景语境的推测，具体包括以下几项内容。话语范围；物质过程；关系过程；话语过程与心理过程；话语基调。

(三) 宏观重构

在对篇章进行微观分析之后，需要在宏观上对篇章意义进行整体重构。以使学生对篇章的词汇衔接、语法结构以及逻辑关系等有一个系统的认识。学生在理解篇章内容、展开方式的基础上，能够抓住篇章的核心思想，并能升华篇章的思想内容。

通过"宏观—微观—宏观"教学，学生的学习态度会有所转变，而且学生学习的内容也不再是一堆文字，而是用来表达思想的有生命的载体。

三、基于系统功能语言学的大学英语读写循环教学

为了解决英语写作教学中的问题、培养学生的写作能力、提高英语写作教学的效率，英语写作教学需要更新教学观念，革新教学模式。功能语言学指导下的英语写作教学模式对于消除英语写作教学中的问题、提高教学效率具有重要意义，以下就具体介绍功能语言学指导下的英语写作教学。

在英语写作教学中，教师常会采用多种教学模式，但这些教学模式都忽视了阅读与写作之间的密切联系。将读与写紧密结合在一起进行教学，不仅能培养学生的阅读能力，还能有效提高学生的写作水平。而系统功能语言学强调语言交际的双向性，并将阅读与写作看作是同一个交际过程的两个基本程序。

(一) 建构相关话语范围的知识

在这里，相关话语范围的知识主要是指与主题相关的各种文化社会知识。建构相关话语范围的知识是读写循环教学法的起始阶段，需要完成的任务具体包含以下几项。

(1) 深化学生对与话语范围相关的各种知识、经验的认识，通过讨论与交流了解其他学生的相关经历。

(2) 比较与话语范围相关的本族语与目标语知识中的相同点与不同点，从而了解不同文化背景对话语范围的影响。

(3) 罗列、选择、整理与话语范围相关的词汇及表达方式。

为完成上述任务，教师通常可进行以下教学活动。

(1) 准备一些以话语范围为中心的语篇，安排学生对这些语篇进行讨论、比较，以使学生理解不同语言与文化在表述类似话题时的异同点。

(2) 组织学生在课堂上交流各自的经历。例如，以最喜欢的一本小说为题，可安排学生相互交流各自最喜欢的小说、小说的作者、故事梗概、创作背景、小说中最动人的情节、阅读的感受等。通过这种交流，学生既可以锻炼自己的逻辑思维能力，又可以在交流中拓宽知识面，丰富写作素材。

(3) 为加深学生对题目的印象和感受，教师可组织学生亲自参与或实施与题目相关的活动。

(4) 安排学生准备与题目相关的各种物品，如图片、照片、音频、视频、书籍、实物等来建立语境。

(5) 引导学生从写作的角度来阅读语篇，并发展认识语言符号、辨别意义、略读、速读、寻读等技巧。

(6) 在学生阅读过程中，教师可引导学生将与题目相关的新的语言点进行归纳整理，并将新的语言点与已学过的内容联系起来。

（二）建立相关语类的语篇模式

在建构相关话语范围的知识后，就要着手建立相关语类的语篇模式，教师具体需要完成以下任务。

(1) 通过语篇分析向学生传递语类意识。

(2) 通过语篇分析使学生感受语类的词汇、结构特征，及这些特征如何为表达主题服务。

(3) 通过语篇分析使学生感受语类的社会功能。

在建立相关语类的语篇模式，教师可以安排以下教学活动。

(1) 教师安排学生阅读范文。

(2) 教师与学生一起阅读语篇，既可由学生轮流阅读，也可以由教师领读。

(3) 根据语篇内容对相关背景进行推测。

(4) 请学生回忆曾在其他时间、其他地点所经历的相似或相同的语篇，并组织大家沟通语篇的内容、观点、态度等。

(5) 组织学生对语篇的框架结构进行分析。

(6) 由教师或者学生找一些相似的语篇，练习发现语类结构的方法。

(7) 以语类为基础，组织学生观察、归纳、总结一些规律性的语法模式。

（8）探寻语法模式与语类的内在联系，即哪些语法特点可以用来展现语类的特点。

总体而言，教师要引导学生将话语范围的知识结构与语篇的语类模式两者之间建立起联系，以便为后续的教学奠定基础。

（三）进行语篇的创造

1. 合作创造语篇

在此环节，学生需要尝试将主题与语类进行结合，即使用具体的语类模式来表达某一主题。在这个过程中，学生会遇到各种各样的困难，因此教师应从多个方面为学生提供指导与帮助。首先，根据学生的具体情况，教师既可以重复前面的一些活动，也可以组织一些新的活动，如对语类的结构、目的、语境等重新讨论，以深化学生对语类及主题的认识。其次，教师可以为学生提供语类结构方面的宏观指导以及词汇语法特征方面的微观帮助。

此外，如果学生的英语水平不能满足书面表达的要求，教师还可先指导学生进行口头语篇的创作，具体方法是组织学生进行角色扮演，这可以作为书面语篇的前期准备。

教师在帮助学生完成一个语篇的几个草稿或若干个合作语篇，且学生可以较好地掌握语类结构和词汇语法特征后，教学就进入了独立创作语篇阶段。

2. 独立创作语篇

在前期准备工作结束后，学生就要着手进行独立创作。因此，在进行独立创作之前，学生应对语类结构、写作主题的特点等有较好的把握，并掌握写作所需要的词汇、语法等知识。如果教师发现学生尚不具备这些能力，则不应将教学引入这一阶段，反而应重复之前的一些教学活动，以确保学生真实地具备了独立创作的能力。

当学生可以依赖自己的力量进行创作时，教学过程即进入独立创作的阶段。此时，教师应注意自己角色的转变，即从帮助者转变为点评者。

在独立创作语篇的阶段，教师可开展下面一些教学活动。

（1）由学生进行独立写作，教师在语法模式、框架结构等方面进行引导。

（2）学生结成对子，互相评价各自创作的语篇。

（3）当学生的语篇不符合要求时，应安排学生校改、整理或编辑，必要的时候还应重写。

（4）评价学生的语言表达，对拼写、语法、框架、主题等进行重点关注。

第四章 应用语言学与大学英语教学融合探索

学习语言的最终目标是运用语言维持人际关系，提高自身的交际能力，但语言的基础性知识并不是交际能力好坏的决定性评判依据。尽管英语教学在国内的覆盖范围已经很大，但从目前的教学情况上来看，大部分学生的英语水平都不高。而应用语言学在英语教学中的有效应用，能够在很大程度上改变这种不良的学习现状，调动学生学习英语的积极性及主动性，提升他们的自主学习能力，最终助推高校英语教学的顺利开展。

第一节 应用语言学的基本理论

一、交际理论

交际理论是应用语言学最主要、最基本的一个理论，也是本体语言学的基本理论。本体语言学在交际方面进一步的研究，不仅自身会有很大发展，而且也会进一步发展、丰富交际理论。交际理论是本体语言学和应用语言学高层次结合的纽带，是本体语言学理论和应用语言学理论相互促进的纽带。语言是人类最主要的一种交际工具，这是从语言的本质功能角度出发得出的结论。

语言存在于交际之中，语言因人们的交际而出现、存在及发展，交际之外无语言。交际是语言发展变化的动力和目的。语言生活的健康、丰富、活泼，是语言工作、语言研究、语言教学的目的和检验的标准。在交际面前，任何语言学流派、任何语言学家适者生存，概莫能外。我们为了进行语言交际而开始深入研究语言。由于语言包含各种各样的现象，我们要研究的就是现象与条件之间的关系，而交际便是决定语言现象的根本条件。

语言交际能力是人类最基本的一种语言能力。语言交际能力是指说话人在社会交往的各种环境中运用语言的能力,也就是针对不同环境恰当得体地运用语言变体的能力。语言交际能力的测试应该逐渐在一定现实的交际情况下进行。语言交际是多层次交叉的,所以要在多样、鲜活的语言交际中实践语言交际能力。语言学习还要有一定的量和质。一定的量,可以内化,可以生巧。一定的质,可以提高层次。

除此之外,我们也应该认识到重视创新是对待语言的一个基本态度,也是语言研究方法、方法论的重要基础。要重视匡谬正俗的消极规范,但更重要的是要及时发现和介绍新的好的语言现象的积极规范。迄今为止,我国语言方面的教材、著作、文件、规定并不多,在鼓励和帮助人们发挥语言创新能力方面的研究也并不很充裕。在语言学很多方面的研究落后于其他相关学科,也落后于与社会生活相关的认识,这方面有待改进。

二、层次理论

层次理论是应用语言学的一个重要理论。层次理论指出语言是分层次的,其主张语言的运动有不同的时空,其在不同的时空表现为不同的方式。人按照层次进行划分,这决定了交际分层次,也决定了语言分层次。语言的层次同交际的层次、人的层次紧密相连。具体来讲,不同层次的语言对不同的人有不同的要求;不同层次的人使用语言的情况不同;不同层次的人的主体语言在客体语言里处于不同的层次,所以一个人的语言是这个人的第二形象;语言比人的体魄及仪表更内在、更真实、更具有社会影响力,所以语言能力是一个人的第一形象能力;语言示范者的语言往往代表一个地区、一个民族、一个国家的第二形象;语言能够反映个体的独特的职业、修养、能力、性格等。

语言由比较稳定的内核和比较活跃的外层以及中介物构成,共同为交际服务。比较活跃的外层是比较稳定的内核的来源,现在比较稳定的部分当初都是活跃过的。语言的发展变化首先表现在比较活跃的外层,这些比较活跃的外层转化为比较稳定的内核,并不完全是优胜劣汰的过程。比较活跃的外层和比较稳定的内核,总的说来是互补的关系,而不是对立的关系。某些词语使用时间的长短,通常与其概念等存在时间长短存在较大关系。

语言的层次理论同时也是语言研究方法及方法论的层次认识的前提条件。语言研究方法具有层次性,语言研究的基本方法是比较方法,其他的方法都是由比较方法衍生出来的。除此之外,语言研究的方法还具有灵活性、多样性。语言研究应该考虑到纵横交错,打破时间及空间的限制。

三、动态理论

动态理论是应用语言学的一个基本理论。运动是绝对的，运动速度相对比较慢的称为稳态，运动速度相对比较快的称为动态；或者说稳态是动态里的一种状态。科学理论说明，世界是运动的，运动是绝对的。人是运动的，语言是不断变化的，交际更离不开运动，存在于交际活动中的语言自然也是动态发展的。由此可见，动态性是语言的本质属性。语言是以动态的方式存在于人们的交际中；语言的动态是语言的主导方面，静态只是运动速度相对平衡的一种存在形式，是为了研究需要而假设的状态。语言局部的发展变化会引起语言内部有关部分的发展变化，它使得有关部分协调，这就是语言的自我调节。语言运动的方式是脉动，语言的运动有急流和缓流，认识这些规律，有助于能动地促进语言习得。

应用语言学要解决语言应用过程中出现的实际问题，从实践到理论是动态的，从理论到实践也是动态的；对语言的认识，不仅是实践性活动，也是一种理论性活动。从这个意义上讲，语言研究要动稳结合。语言的动态性不反对语言的稳态研究。事物纯粹的动态研究或稳态研究都是不存在的。语言需要稳态研究也需要动态研究。促进语言自我调节，以适应人们交际、思维和认知等发展的需要，它重在两个方面的工作：一是不断创造新的语言要素；二是保持语言相对平稳状态，使得整个语言体系不被破坏。这是语言学研究的基本事实。

四、中介理论

中介理论也是应用语言学的一个基本理论。运动的连续性决定了所有事物均具有一部分与周边事物或者前后事物相同的属性。事物是矛盾的统一体，对立通过中介转化。语言跟其他现象一样，存在着中介状态。语言政策不能只是对语言现象做对与不对、是与不是的两端判断，有许多问题需要中介理论来做解释和分析，给予合情合理的回答。语言的中介状态，典型的就是地方普通话。对于说地方普通话的人，不仅要鼓励，而且还应该对其中的一部分人提出比较高的要求。

中介语常常是学习语言的正常现象，学习语言的过程必然是有许多不到位也就是不规范、不纯洁的语言现象的过程，人们在这个过程中就要交际，要把这种过渡状态跟语病区分开来。

近几年，我们对语言文字有了进一步的思考：语言是为所有的人服务的，人是分层次的，而且是不纯的。语言是发展变化的，发展变化了，人又要学习，这个学习又要有一个过程。不规范的语言现象也是不断新生的，不纯洁是语言正常运动的一种正常表现。我们是在不纯的状况下提倡规范性，这种规范是为了更好地进行有效交际，既不是为了阻碍交际，更不是为了纯洁语言。语言规范实际上不是规范语言本身，是规范人的语言使用。运动是没有开始也没有结束的，一切都处在中介状态，所以所有的语言都是"中介语"。语言研究的就是语言运动中的个性和共性。目前，我国一部分学者对语言现象的延伸及交叉进行了深入研究，此类研究具有一定的前瞻性。

五、人文性理论

语言的人文性具体指的是语言在发展、变化、应用的过程中所呈现出来的文化特质。不要忽略语言的人文性，不要把语言的人文性和语言的阶级性联系起来，也不能把语言的人文性理论凌驾于交际理论之上。语言人文性主要表现在以下三个方面。

（一）文化会对语言产生较大的影响

语言在文化中的反映，主要是指通过文化背景或文化现象表现出语言的一些特点和变化规律。语言可以是文化的直接产物，也可以作为文化内部的有机组成部分，与其他因素一起，共同促成历史上的文化分化、整合及变化。

语言反映文化。

（二）语言是文化的载体

文化总是不断地给语言施加影响并不时地留下痕迹，因此我们通过语言的发展历程可以看到文化的变化轨迹。

（三）文化和语言之间存在互动关系

语言和文化对二者相互作用的反映，虽然在现象和表现形式上有差异，但也有相同或相近的本质或规律。从这个层面上看，语言的人文性大体有狭义及广义之分。其中，狭义的人文性是文化和语言两个因素共同作用的结果；广义的人文性则指语言、文化、社会、宗教、政治等多种因素共同的作用及其结果。

六、潜显理论

潜显理论也是应用语言学的一个重要理论。20世纪80年代末至90年代初，我国语言学者就语言发展的基本形式进行研究，提出了潜显理论这个语言概念。

潜显理论认为语言世界可以分为显性语言世界和潜性语言世界两大部分。显性语言是到目前为止人们在使用的部分；潜性语言指按照语言规则所形成的语言形式的总和，但是还没有被开发和利用。

潜显理论极为关注语言的动态本质。显性语言潜性化，潜性语言显性化，是语言发展的基本形式；潜性语言的大量存在，使语言具备自我调节能力。潜显理论对语言的动态与稳态的关系作了值得人们重视的揭示。潜显理论认为语言的运动和时空是连续的，事物不是同时空同样显现的，显与不显是相对的、有条件的。加上色彩的潜显，可以说语言始终处在潜和显的过程中，语言研究的就是语言的潜和显及其相关条件。语言的潜显理论是对待语言规范的前瞻跟踪观的基础。

总而言之，应用语言学的几个基本理论是互通有无、相辅相成的，这几个方面仅仅是从不同的角度出发来认识语言而已。应用语言学的基本理论应该达到哲学的层面，语言学很像哲学，所以语言学很长时期同哲学分不开。我们不赞成的是将语言学作为哲学的附庸，但并不反对语言学同哲学的结合。我们主张语言学同哲学的关系是结合而不混合，独立而不分裂。除此之外，我们还要注意应用语言学基本理论的操作层面，在操作层面要有实绩，还要研究应用语言学的基本理论如何发挥作用的有关问题。例如，限制应用语言学基本理论发挥作用或者限制语言观调整的因素大体包括五个方面：第一，人云亦云；第二，受到传统教育方式的影响；第三，对语言本质认识的片面；第四，由于调整存在困难便维持现状的错误观点；第五，脱离语言实际，认识出现偏差。

第二节　应用语言学与大学英语教学的关系

一、大学英语教学中的应用语言学原理

外语教学不仅仅是教师的输出和学生的输入过程，而是通过复合的交流方式以实现学生运用语言的综合能力。其最终目的是能够使得学生运用语言，正确、流利和得体地进行交流。下面就从外语教学的三个层面—词汇教学、文化教学和教学模式来探讨教师和学生凭借应用语言学的指导来进行教学实践活

动,并最终达到更好的教学效果的过程。①

(一) 词汇教学

词汇教学是语言教学中最重要的单位,词汇量只有积累到一定的数量,才能听懂别人的意思并顺畅地和他人进行交流。但传统的教学方法过分重视语法结构的教学,将语法结构的教授视为教学的目标。这种方法忽视了词汇教学的重要性以及学生对语言的实际应用能力。

在词汇的教学过程中,教师应该充分发挥其自身的组织和协调作用。要有针对性地对学生进行指导,帮助学生树立信心,克服其心理障碍。教师应该根据词形、词意,对词汇进行分类,科学地组织材料,让学生的接受有一个循序渐进的过程,亦可以在文章中讲解词汇,让学生根据文章来造句。教师还可以结合最新的时事新闻讲解词汇,给学生留下深刻印象。此外,组织学生进行词汇接龙,能够增加课程的趣味性。

学生在学习的过程中,首先要结合自身的实际,吸取总结他人有利的经验,形成适合自己的学习模式,并要长期地付诸实践。教师和学生要注意结合词汇学习的方法,诸如归类记忆法,构词记忆法,语境记忆法,图像想象法,相似联想法,谐音联想法,循环记忆法,等等。这些学习方法可以交叉进行。只有通过多多地接触词汇,才能让学生真正感受到词汇的魅力,从而能够按自己的学习方法坚持下去。

(二) 文化教学

语言和文化就好像鱼和水的关系,息息相关,相互影响。而外语教学过程也是一种文化的传承过程,文化元素渗透到教学过程的始终。但传统的教学忽略了文化教学的内容,只是以语言知识为主,存在着重视语言基础技能训练而轻文化的现象。从社会层面上来看,这种教学形式已经远远脱离了时代发展的实际需要。我们应该在教学过程中融入文化因素,使得教学和实际相结合。在文化教学的过程中,教师应该根据教学内容和教学对象来选择文化内容。遵循循序渐进、由浅入深的方式,有目的、有针对性地深入文化因素,逐渐扩大学生的文化知识。

(三) 教学模式

传统的外语教学是以教师为中心,向学生灌输的方式进行,教师是课堂的

---

① 董月琳.应用语言学视角下大学英语教学探究 [J].科技视界,2016 (17).

主体。这种单一的语言输入模式不利于学生对语言的应用,遏制了其应用能力的发展,这也是造成诸多哑巴英语现象的原因。为了改变这种状况,我们在当前教学过程中应该转换角度,采取以学生为中心的教学方式,让学生积极主动地参与到课堂教学过程中来。可以事先将学生分为若干个小组,课前给每个小组分配一定量的知识内容,让其在课余时间查阅,上课时分享给全班同学,各个小组之间可以就某个问题进行探讨,也可以让老师给予解答。

学生在查阅知识点的时候,可以借助于多媒体,教师在讲解时也可以利用此类设备,将图像、文字和声音结合起来,这样就可以调动学生的积极性,督促学生学习。并且将原本抽象枯燥的内容活灵活现地表现出来,可以大大提高学习外语的效率。目前流行的"翻转课堂"和"慕课"就是一种很好的教学模式。前者就类似于以学生为中心的教学模式,教师负责答疑解惑;后者是根据学生的注意力集中是有限的这一特点来控制教学时间,并利用网络让学生答题闯关,最终获得答案的方式。

总而言之,应用语言学同外语教学是相辅相成的,前者指导后者,为后者提供理论基础;而后者是前者的实践,在不断实践过程中为前者提供新的信息,形成新的理论和研究内容。

二、英语教学引入应用语言学的影响

(一) 对英语听力教学的影响

不管从哪个角度来讲,英语的听力都是非常重要的。因为人体的构造有差别、生活的环境、每个国家的国情等因素,学生不能真正地听清楚外国人的发腔,使得一些短语和句子连接起来就不明白什么意思了,虽然汉语和英语是有本质的区别,但是如果我们注意方式方法的话,那对于我们的英语的提高是有很大的提升,大部分学生由于惯性思维,很容易就把听到的英语句子混淆,使他们不能很好地理解其中的意思,从而使英语题目做错,如果很好地掌握听力的话,是离不开应用语言学的介入的,可以很好地帮助到学生听力的提高。

(二) 对英语口语教学的影响

在英语学习的当中,口语也是非常重要的,很多的学生可以考很高的分数,但是一遇到口语就不行了,这是一部分考高分的学生的苦恼,很多学生不敢开口讲话,就是会听,会写,但是不能说。出现这种情况主要是因为我们的学习精力都放在考取高分数上面,而忽略了口语的表达,而我们不仅要进行英语单词的掌握,也要对语法进行掌握,更要对外国人的俗语进行掌握。

（三）对英语翻译教学的影响

在我们做英语翻译成汉语的题目时，不能只按照字面上的意思进行翻译，具体要考虑当时的情景，国外的文化进行翻译，切记不可以机械式地、一字一句地进行翻译，要对自己的主观形态和外国人的说话方式等情况具体考虑。如果只是翻译一个单词的意思，会造成翻译出来的文字不通顺，不知道表达了什么意思。所以我们要加强这方面的训练，提升自己的翻译能力，要结合外国的文化，场景进行合理的翻译，其实如果想要真正地翻译好，那也是相当困难的，这离不开我们平时的多读、多看。

（四）对英语写作教学的影响

一般我们做英语试卷的时候，最后一题就是要写一篇好的文章，写出来的文章不仅通顺而且用词优美，充满内涵，这是取得高分数的最重要的一部分。学生在进行写作的时候一定要注意语法的运用，并且要在语言表达习惯和应用习惯的基础上，把外国的文化融入进去，学生在写作的时候如果不能很好地运用其中的表达方式，那么就会出现写作困难的情况，所以说文化导入就显得尤为重要，不仅能够开阔学生的视野，提升他们的写作能力，还能培养学生的英语语法习惯，使学生可以更好更快地掌握英语文化。

第三节　应用语言学与大学英语教学的融合

一、应用语言学对高校英语教学的作用

（一）明确高校英语教学方法

不管是何种教育层次，学生始终是课堂教学的主体，高校英语教学也不例外。在高校英语教学中，如果能从学生的视角出发来明确相应的英语教学方式和方法，那么在实际的教学过程中就能起到事半功倍的作用。英语教学中的语言学应用方法比较独特，就是确定口语和书面语两者之间的比例。从我国目前的英语教学内容来看，英语教学主要分基础和加强两部分，基础是指听说读写，加强是指英语翻译。其中听说读写之间为协调关系，是互相扶持的，但同

时又有自身的特色和难点，需要不同的教学手段和教学方式来实施教学。在进行英语课程设置时，一定要明确教学的最终目的和根本任务，再按照一定比例安排课时。譬如，由于实时翻译和文学翻译在培养目标方面存在一定的差异，因而二者在课时设置的要求上也应该有所不同。

所有英语学习者均渴望具有较高的英语交流能力及语法应用能力。应用语言学的重要原则之一就是以学生的具体目标为基础，制定切实可行教学方案。如果学生对基础性知识了解得不多，就应当强化其口语的教育力度，使学生积极主动地开口练习英语。除此之外，提高应用语言学的教学效果还可以通过广播、杂志等媒介形式，激发学生的语言学习兴趣，鼓励学生主动参与到英语实践活动中去，活跃英语学习氛围，进一步提高学生英语口语表达能力和技巧应用能力。换言之，高校在英语教学方面应该从学生的角度出发，明晰教学方式及教学方法，继而增强高校英语教学灵活性。

(二) 明确高校英语教学内容的短板

应用语言学理论在大学英语教学中具有极高的应用价值，教师要应用语言学理论为指导，对大学生英语学习活动进行适当引导，进一步培养学生的英语学习自信，达到强化大学生自身思想认知的效果。通过比对西方国家和我国的应用语言学教育，我们可以发现我国高校英语在应用语言学的运用方面存在两个方面的问题。

(1) 我国高校英语教学过度强调语法的运用方式，忽视了语言在情感方面的表达。教师在进行英语授课时，过于注重学生对语法、发音、理解和整理语句的能力，忽视了对学生英语情感表现力的教育。英语教师在对课文进行分析和讲解时，对语法使用和句子结构组成进行的分析几乎占用了大部分的授课时间，这在很大程度上减弱了教学效果，使学生忽略了英语运用的实际环境，只注重语法使用的正确性以及意思表达的完整性。

现阶段，大学生英语能力呈现两极分化状态，部分学生的英语基础薄弱，甚至一部分学生存在不敢说的自卑心理，这就需要教师以应用语言学理论为指导，秉持由简到易的教学原则，引导大学生在学习中体会到成功的喜悦，强化学生英语学习自信。

(2) 教师在英语授课或者学生练习的过程中如果发现有问题，通常会立刻指出或者纠正，并不会对学生存在的错误进行深入的观察和解析。而事实上，教师应当针对学生出现错误的地方进行分析和总结，了解学生在学习方法和知识层面上存在的不足，有针对性地指导和帮助学生，使学生从根本上避免错误的再次产生，帮助学生选择恰当的学习方法。

（三）促使大学英语创新教学

应用语言学理论在大学英语教学中具有极高的应用价值，教师以应用语言学理论为指导可以促使教师积极转变自身的教学理念，这对大学英语教学模式的创新具有良好作用。大学学习与初、高中阶段学习存在明显不同，学生所拥有的自由时间相对较多，这需要教师在大学英语教学中充分考虑时间问题，对大学英语教学的各个环节加以创新，优化教学结构，灵活运用应用语言学理论，提高大学生的英语学习效率。

二、应用语言学在高校英语教学中的应用

为使应用语言学相关理论在高校英语教学中得到充分利用，应该采取以下措施。

（一）以应用语言学理论指导高校英语教学改革

尽管当前我国高校英语教学在理论方面已经有所改进，但从整体的角度来看，理论水平仍旧较低，相关研究工作尚未完备。这是开展教学改革的不利因素，对此我们应该有足够的认识。任何一种改革运动，都必须有一定的理论做指导，这是一条已被无数事实证明的真理，高校英语教学改革当然也不例外。为了能够有效提升应用语言学在我国高校英语教学中的应用水平，必须要在高校英语教学改革的过程中，进一步提高对应用语言学的学习重视程度。

大学英语教学改革绝不是少数人的事，必须有广大教师的积极参与，唯有如此改革才能成功。从现在的情况来看，大多数教师都具有一定的教学经验，但理论素养还比较欠缺。英语教师在研究应用语言学理论时，需要掌握更多的语言心理学、教育学和心理学方面的知识和技巧；同时还要能将应用语言学理论同实际的英语课堂教学结合起来，根据学生的英语掌握水平来制定出更为合适的英语教学方案，帮助学生掌握英语的学习规律。英语教师在提升应用语言教学能力的同时，还需要重点增强在应用英语专业理论方面的知识储备。无论是理论能力还是实践教学经验都很重要，都是提升英语教学水平的关键。只有将二者有效结合起来，才能够更好地总结英语实践教学过程中发现的各种问题，满足学生的不同英语学习需求。

除此之外，高校在英语教学改革的过程中，应该大力开展应用语言学及相关学科的理论学习。在理论学习的基础上，总结教学经验，提出比较科学的、符合外语教学规律的改革方案，用理论指导教学改革。当然，也应该认识到理论也有正确和错误之分，这就要求我们在实践的过程中对正确的理论进行验

证，对错误的理论进行修正。通过这种方法，应用语言学的相关理论便能够与我国高校英语教学的实践有机结合，得到持续的发展。

(二) 以应用语言学理论培养学生的口语能力与写作能力

从整体上看，我国高校英语教学长期以来均以"阅读型"教学模式为主导。课程以精读为主，辅之以泛读和快速阅读，每周有1~2节的听力课。这种教学模式是适应我国改革开放前的实际情况的。但是现在时代不同了，随着对外交往的不断发展，国内的独资企业和三资企业越来越多，各行各业都需要一批具有较强外语交际能力的管理人员和工作人员。而大学毕业生往往是他们招聘的首选对象。这就对大学生的外语水平尤其是交际能力就有了较高的要求，也就是说，这对高校的大学英语教学提出了新的、更高的要求。而"阅读型"教学模式满足不了这种需求，这一状况许多毕业生都有切身的体会。为了迎合社会发展的需求，满足用人单位对人才外语能力的要求，我国各大高校在英语教学过程中应该重点培养学生的对外交际能力，具体而言，就是要提升学生的口语能力及写作能力。

从语言学习理论的角度来看，人类的语言行为按照交际方式及交际方向会出现一定的差异，可以分为"听""说""读""写"四种形式。"听"和"读"对学习者来说，是语言理解，也是语言输入；"说"和"写"是语言生产，也是语言输出。语言学习的过程一般分为三步，即语言输入→语言吸收→语言输出。由此可见，语言输出是语言学习过程中的最后一步，也是语言学习的最终目标。如果高校在英语教学过程中不重视语言输出，也就是不重视口语及写作能力的培养，那么便与语言学习规律不相吻合，也就不能从真正意义上实现语言教学的目标。

高校英语的教学模式应该尽快从以往的"阅读型"转变成"听说型+读写型"，并重点培养学生的口语能力及写作能力。通过应用语言学理论的正确指引和帮助，在实际的英语教学中，培养学生的"听说读写"能力，特别是说英语、写英语的能力，强化学生的英语综合应用能力，使学生勇敢地用英语来表达自己、展现自己，帮助学生更好地掌握英语思维方式，完成对"说写"英语学习的教学改革，改变过去那种"只看不说"的英语学习方式，使学生将在课堂学习到的英语知识有效地应用于实际的生活交流当中。

(三) 以应用语言学理论完善高校英语教学系统

我们应该认识到英语的学习及应用是一个缓慢的渐进过程。为此，英语教师对学生英语应用能力的培养也应该是一个循序渐进的过程。从应用语言学在英语教学中的应用效果来看，英语教师需要在今后的英语教学当中，采取循序渐进、因材施教的教学原则，逐渐完善整套英语教学系统。随着全球经济一体化进程的加快，英语的全球普及将会是大势所趋，因此对学生英语能力的培养需要从小抓起，筑牢学生的英语学习基础，更重要的是在日常的学习和生活中，要有意识地去培养学生的英语应用能力，为学生创造更为舒适、和谐的英语学习环境。

近年来，我国部分学者认为英语教学是一项"费时低效"的工程。一个学生从小学到中学再到大学，学习英语的时间少则七八年，多则十多年，但学习的效果似乎很不理想，许多人大学毕业了，仍然是说不出、听不懂，被称之为"哑巴英语"。我们认为，费时低效的现象在许多学生身上确实存在。但是，我们对费时低效要有一个客观的分析，不能以偏概全、一概而论。我们应当看到，许多重点大学学生的英语水平还是很不错的，许多大学生在校期间就能听懂外国专家的学术报告，并能用外语同专家进行比较浅近的讨论。有的还担任专家陪同，参与接待工作。这些均证实，我国英语教育，包含高校英语教育，已经取得了突破性的进展，并为我国社会的发展做出了突出的贡献。但这种发展尚不均衡，各个学校、各个学生之间仍旧存在较大的差距。

从语言学的角度来讲，英语学习中出现"费时低效"的现象在一定范围内具有普遍性，但这个问题并不能立即解决，这主要是因为以下几个原因。

（1）语言是一种十分复杂的社会存在，人类对它的本质还缺乏深刻的认识，语言学家对于语言是什么这个问题至今还没有找到令人满意的答案。对于一个还不是很了解的事物，人们是很难掌握和驾驭的。

（2）语言是一种社会现象，一种语言是在一定的社会背景和环境中产生和发展的，要在本族语的社会背景和环境中去学习一种外语，的确是一件旷日累时的事情，不可能速成高效。

（3）语言与思维既紧密相连又相互制约，思维模式决定语言模式，要在不改变思维模式的情况下去改变语言模式，很难做到。而要学会一种新的思维模式，也不是一朝一夕所能成功的。

以上论述造成"费时低效"的原因，目的并不是让大家放弃学习英语，或者不去努力提升教学效率，而是希望通过这一点证实高校英语教学应该采取实事求是的态度，既不能要求过高，也不能操之过急。我们的教学目标是培养大学生具有一定的听说读写能力，为毕业后要做的外语工作打下一个比较扎实的语言基础。但如果要求非外语专业毕业的大学生一走上工作岗位，就能用外语发表演说，就能在国际会议上担任翻译，就能与外国人自由交谈，就能用外语起草文件，这显然是脱离现实的。即便是英语专业的毕业生，也不是所有人均能达到这个要求。从这个意义上讲，高校英语教学更应该坚持实事求是的理念，以现实状况为指导，采取切实可行的措施。

总而言之，应用语言学和高校英语教学之间存在着紧密的联系。高校在英语教学过程中，应该将应用语言学的研究及应用视为一项系统性的工程，认清这项工程的开展具有复杂、灵活多变等特征。有鉴于此，高校在进行应用语言学的研究和应用时，必须要结合自身的教学特点开展教学活动，只有这样才能发挥应用语言学的真正力量，提高我国的英语教学水平。教师要进一步明确英语教学方式，找到英语教学中的误区所在，健全英语教学系统，让更多的学生愿意主动参与到英语知识的技能学习和应用当中，提高英语课堂的教学质量。将应用语言学应用于高校英语教学中，在助推高校英语教学改革方面也发挥着重要的作用。

三、基于应用语言学理论下的大学英语教学措施

（一）加强教师教学队伍建设

应用语言学理论在大学英语教学中具有极高的应用价值，对提高大学英语教学质量、加快大学英语教学改革进程具有重要的指导作用。教师作为大学英语教学的组织者、执行者更是需要积极参与大学英语教学改革当中，加强对应用语言学理论的全面理解，持有积极主动的态度学习应用语言学理论，使得大学英语教师自身的业务能力、专业素养上升到一个新高度。也就是说，只有加强大学英语教师队伍建设，提高大学英语教师的综合素养才可以为大学英语教学改革提供优质的师资人才支持，从而提高大学英语教学质量。

（二）精准定位英语教学目标

大学英语教学以提高学生英语语言运用能力、促进学生全面发展为主要任务，在经济全球化背景之下，英语作为世界通用语言其所具备的价值已经超越语言本身，更多应用在政治、经济、文化、社会等领域内。因此，在大学英语教学中教师要以培养学生应用能力为主要教学任务，在加强对学生英语理论传授的同时，提升学生的英语核心素养。具体来说，学生在具备听、说、读、写四项基本能力的基础上，还需要具备拓展能力、创新能力、应用能力、实践能力等，可以将所学习的英语知识运用于实际交流当中，达到学以致用的目的。

（三）实施分级英语教学模式

在大学英语教学中教师要以应用语言学理论为指导，尊重学生在大学英语

课堂教学中的主体地位，各项大学英语教学方案的生成要紧紧围绕学生这一主体进行，根据学生的实际情况进行有针对性的分级教学，实现真正意义上的人本教育，践行因材施教的教学原则。

一方面，教师要全面了解学生的英语能力。对此，高校要打破传统教学模式的束缚，以更为科学合理、生本长效的方式考察学生的英语水平。具体来说，高校可以在大一新生刚学习时以笔试、面试的方式考察学生的英语水平，侧重于考察学生的语言运用能力。同时，要加强对大学生英语学习诉求的了解，以发放调查问卷的形式搜集学生的学习期待、发展需求，建立符合学生实际情况的"英语档案袋"，将每一名学生的英语水平进行全面记录。

另一方面，教师要制定分级英语教学目标。因受学生基础能力不同的影响，大学生所表现出的理解能力、需求层次、学习热情、学习能力等均有所不同。因此，在实际的大学英语教学中教师要以学生所呈现的个体差异制定具有层次性的教学目标。

（四）构建大学英语创新课堂

在大学英语课堂教学中，教师要以应用语言学理论为指导，加强应用语言学理论与大学英语课堂教学活动的高效整合，构建大学英语创新课堂，提高大学英语教学水平，加快大学英语教学改革进程。

第一，创设语境。应用语言学理论认为，若想进一步提高学生的语言表达能力，则需要为学生创设相应的语境，促使学生在特定环境之下灵活运用英语语言，在夯实自身英语基础能力的同时，促使学生积极主动对新知识进行探索与发现。例如，大学可以开设"英语角"，通过学生多种感官的运用，最大限度地开发学生潜能，将英语语言与特定的场景相联系，从而提高学生的英语学习效率。

第二，营造氛围。在大学英语课堂教学中，教师要与学生建立亦师亦友的良好关系，在完成大学英语教学任务的基础上营造宽松愉悦的课堂教学氛围，充分了解学生的客观需求，如学生感兴趣的事件、密切关注的热点问题等，鼓励学生积极参与，从而激发学生的英语学习热情。

第四节　基于应用语言学的大学英语教学评价

一、大学英语教学评价的内涵

(一) 教学评价内涵

现阶段，教学评价属于教学活动中不可缺少的组成部分，一般情况下是指对相关事物价值高低的有效判断，主要包括对事物"量"以及"质"的描述和在此前提下进行的价值判断。具体来说，教学评价首先是一种专业化的价值判断活动，主要是对客体符合主体需要程度情况的合理化判断。把评价用在教学过程中，则产生以及发展出了教育以及教学评价。所谓的教育评价，即是对教育活动可以满足社会需要以及个体需要的具体程度做出详细判断的活动，并对相应的教育活动存在的现实性价值或者是潜在性价值做出科学化判断，从而实现教育价值增值目的的过程。其次，教学评价主要包含了学生评价、课程评价、教师评价、学校评价、教学评价、教育机构评价、教育内容评价、教育目的评价、教育教学管理制度评价、教育教学方法评价以及教育教学管理评价等。

教学评价划分为三个重要的教学评价体系：第一是以促进学生全面发展为最终目标的教学评价体系；第二是以促进教师自身职业道德水平与专业化水平提高为目的的教学评价体系；第三是以提高学校教育教学质量水平为目的的教学评价体系。

从教学评价发展历程上来看，在 20 世纪 20 年代，美国著名教育家泰勒（Ralph Tyle）系统地提出了"教育评价"的概念，这是最早的关于教学评价研究的理论。教育评价过程实质上是一个确定课程与教学计划实际上达到教育目标程度的过程。自此以后，教育评价研究成为西方教育理论研究的一个重要领域。而后克龙巴赫（Combat）把评价广义地定义成为做出关于教育方案的决策，收集和使用信息。他认为评价的重点应该放在教育过程之中，对教育决策给予必要的改进，而不是只关心教育过程结束之后目标到达的程度。这种定义改变了泰勒仅以目标作为评价的出发点和最终归宿的偏颇，提示人们要注意到评价的全部作用。他的观点在教育评价界产生了广泛的影响。

斯塔弗尔比姆（Stufflebeam）将评价定义为决策提供有用信息的过程，并于1985年进一步提出，评价是一种划定，获取和提供叙述性和判断性信息的过程。这些信息涉及研究对象的目标、设计、实施和影响的价值及优缺点，以便指导如何决策，满足教学效能核定的需要，并增加对研究对象的了解。与之相对应的，斯塔弗尔比姆提出了CIPP模式，这种模式把评价看作是一种工具，对教育活动的背景，信息的输入、活动过程及结果给予全面的评价，使方案更有效地为方案使用者服务。

1975年，比贝（Beeby. C. E.）把评价定义为系统地收集信息和解释证据的过程，在此基础上价值判断，目的在于行动。比贝首次提出了教育评价的本质，即价值判断。斯塔克（Stake. R. E）在肯定了比贝评价是一种价值判断观点的基础上，提出了应答评价模式。要使评价结果能真正产生效用，评价人必须关心这一活动所有参与者的需要，通过信息反馈，使活动结果能满足各种人的需要。

在现代社会，教学的成果不单是指人的博学，更应该强调包括态度、能力、情趣、理想、习惯和社会适应等在内的各种"行为变化"。相应地，教学评价不是为了选拔而是为了发展，由于师生之间教学活动的展开还依赖教学内容、方法和手段等媒介，教学评价的对象便扩大到教学系统中各个要素。而教学系统的活动又与课程，教育计划，教育条件等有关，于是，评价对象以教学系统为主体，范围不断扩大到整个学校教育系统，进而扩展到更宏观的国家教育系统，甚至包括与教学活动相关的各个领域，教育评价正是通过教学评价的不断衍化而丰富发展起来的。

从我国国内的教学评价研究角度出发，我国的教学评价起步较晚，20世纪80年代初，评价理论及其实践运作都处于移植、摸索、创造阶段，在20世纪90年代中期后，我国高等教育评价迅速兴起。研究的重点在于追求评价内容和指标体系的全面性、系统性，还是应该抓住矛盾的主要方面，舍弃那些处于非主要地位，不起主要作用的因素。

在评价的两种模式上，人们认为终结性评价倾向于在定量与定性结合的基础上，以定量考核为主导，突出评价的比较与鉴别功能；形成性评价倾向于在定量与定性结合基础上以定性考核为主导，体现出人文关怀和改进宗旨，然而两种考核方式各有利弊，以谁为主导，却是一个争议较大的问题。在共识"多维度评价"上，如何体现出学生评价的主导作用和中心地位，是一个值得关注的问题。

20世纪80年代初，现代教育评价的原理和方法对我国教育界来说还是比较陌生的，研究多处于自发状态，缺乏组织和协调。从近年发展的趋势来看，我国的学者及研究者不断加强协调与组织，通力合作、携手攻关，并结合具有中国特色的高等教育评价制度、模式的研究，积极探索和建立了与之相应的方法体系。

(二) 大学英语教学评价内涵分析

英语教学评价主要是指在英语课堂教学过程中应用教学评价，按照规范化的英语课程教学目标，对学生的英语学习过程情况、教师课堂教学效果以及学校组织进行英语课程教学评价。

传统形式的英语教学评价方式为终结性评价，一般情况下该种评价方式都是应用在学习阶段完成之后，最终的评价目的在于评估学生达到教学目标以及达到教学目标的程度情况。传统化英语教学评价更加重视学习结果，其教学评价学习内容当中大部分都是容易量化的东西，主要包括教学评价知识、教学评价技能等，而且英语教学评价的成绩大部分都是以精确化的百分制进行表达。因该种英语教学评价方式都是将实际考试成绩看作最终评判标准的，因此在某种程度上讲，传统化教学评价强化了学生分数的作用，不可以有效提高学生对于英语学习的主动性与积极性，也不利于实现英语学习的持久性。

想要改变传统英语教学评价方法的弊端，其解决问题办法不应该是简单化地取消考试，而应对英语教学评价目的、英语教学评价内容、英语教学评价标准以及英语教学评价方式等实施重新思考，然后有效建立起一整套科学化以及有利于英语学生全面发展的教学评价体系。英语教学的形成性评价主要着眼于实现学生的多方面发展。

英语教学评价的主体主要包括两个方面的内容，一是校内评价，二是社会评价。校内评价主要针对教学过程进行，从评教师、学生两个方面进行；社会评价一方面是由上级主管教育机构定期对学校办学条件、教学水平、办学成果等进行评价，另一方面是企事业单位通过评价学生的工作能力来衡量院校教学工作的质量。

随着我国英语教学领域的蓬勃发展，在校内评价上，英语教育研究者首先在教育评价的理念上，已从知识本位观念转向能力本位教育观。并对教育的各个环节及对它们的评价上进行了重新审视，逐步形成全新的英语教学评价观念。在此基础上，不断充实完善英语教学评价的理论和实践体系。从英语教学评价研究视角上来看，主要分为三个研究视角：一是哲学视角，该视角以宏观理性见长；二是经济学视角，以实证分析显优；三是管理学视角，以应用操作为主，实证研究主要集中在心理学研究领域。

目前，众多学者对英语教学评价进行了大量富有成效的研究，但也存在一些不足,从总体数量上来看,对英语教学评价的研究并不丰富,富有影响的研究成果不多;对英语教学评价的研究深度不够,笼统的研究比较多,深入探讨分析的比较少;描述性的研究比较多,学理性的比较少;从以往的研究来看,一线教师的经验总结性比较多,运用教育学理论进行深入的学理性分析研究的少,从研究的参考文献可以看出,一些研究主要参照普通高校大学英语教学评价的模式或是直接从感性经验出发,较少地立足于英语教育的特征和教育教学理论。

此外,由于一些研究没能立足于英语教育的特殊要求,结论缺乏科学性和针对性,如还以知识本位的观念来研究英语教学评价的标准是不可取的。总之,英语教学评价的理论研究基本上处于起步阶段,英语教学评价的现状仍停留在静态绩效评价阶段,有关英语教学评价过程中的动态评价问题很少有人涉及,有待进一步深入研究。

二、基于应用语言学的大学英语形成性教学评价

(一) 形成性教学评价的内涵

应用语言学是研究语言在各个领域中实际应用的语言学分支,是研究语言如何能够得到最佳利用的问题。应用语言学是一门边缘性学科,它涉及的范围非常广泛,主要应用于语言方面的研究。它可以为英语教学评价提供相关的理论技术。

形成性评价最早出现在美国教育家和心理学家斯克里文(Michael John Scriven)《评价方法论》一书中,他指出形成性评价是在教学过程中进行的评价,是全面、多样、动态的一种评价。美国教育家布卢姆(Benjamin Bloom)指出:"形成性观察的主要目的确定学习任务被掌握的程度以及未被掌握的部分,它的目的不是为了将学习者分等级,而是帮助师生专注于进一步提高所必需的特殊学习上。"[1] 目前学术界关于形成性评价的内涵解释有很多,但形成性评价的核心思想便是注重过程,注重全面素质的提高,以满足交际的需要,为社会各行各业输送相关人才。

(二) 形成性教学评价体系的特点

第一,注重学习过程。形成性评价是对学生学习过程的评价,避开传统评价模式只注重学生学习结果所带来的不良影响。形成性评价旨在发掘学生的潜

---

[1] 丁家永. 国外有关知识测量与评价研究的新发展 [J]. 外国中小学教育, 2000 (2).

力，了解学生学习过程中存在的不足，帮助学生改正不良的学习态度与学习方法。同时，形成性评价还反对一味看重成绩，而是更加鼓励教师走入学生的学习过程中去，督促、鼓励学生，为学生提供科学的学习策略。

第二，注重学生情感。形成性评价尊重学生的个性化差异，根据学生的个体差异制订具体的学习方案，鼓励学生发挥所长。民主教学，教师评价学生的同时进行自我评价，加强师生交流，共同探索学习的奥秘。

第三，形式多元化。形成性评价有不同表现模式，如课堂内学习评比、课堂外活动评比、学习任务评比、问卷调查、学习交流会、家长反馈、教师对学生学习状况的评比、学生对自身学习所得的评比、教师对自我教学的反思等。

（三）形成性教学评价的方式

应用语言学同英语教学是相辅相成的，前者指导后者，为后者提供理论基础；而后者是前者的实践，在不断实践过程中为前者提供新的信息，形成新的理论和研究内容。在大学英语教学中，形成性评价是通过采用多种评价方式，保障教学评价工作的全面客观性，最终实现学生英语学习的全面发展。

首先，英语教师要发挥自身评价作用，加强对学生日常英语学习表现的评价工作，并根据学生英语学习任务的完成情况，优化调整课堂教学内容，科学明确学生英语学习目标，帮助学生树立起正确的学习观。其次，教师要合理利用学生自评与互评式，提高英语教学评价工作的质量和效率。

总之，形成性评价在大学英语教学中的应用能够更加凸显出学生的主体位置，充分激发学生英语学习的兴趣和热情。大学英语教师要敢于打破传统教学评价方式的弊端，优化改善英语教学评价内容，综合采用不同评价方式，注重对学生英语学习过程的评价，及时了解并掌握学生实际学习情况，根据学生学习中存在的不足之处，采取有效的教学改进措施，全面提升大学英语教学水平。

三、基于应用语言学的大学英语多元化教学评价

（一）多元化的教学评价方式

传统上，大学英语评价方式以终结性评价方式为主，缺乏灵活性和动态性，以一次测试或考试的成绩作为标准，忽略了学生的个体特征和差异，不能给教师提供有价值的教学反馈，无法起到促进大学英语教学的作用，然而语言的学习是一个漫长积累的过程。

动态理论是应用语言学的一个基本理论。运动是绝对的，人是运动的，语

言是不断变化的，交际更离不开运动，存在于交际活动中的语言自然也是动态发展的。因而对于大学英语教学的评价也不能只停留在某一阶段，要采取动态的评价方式，全方位的关注学生学习情况。

评价应以学生个体为本，充分考虑和尊重学生个体智力发展的多样性和差异性，采用动态性和过程性的评价方式。因此，多元大学英语评价体系应该将形成性评价和终结性评价结合起来。形成性评价主要关注学生的学习过程和情况，以便制定和完善后期的教学目标和方案，提高学习效果。在课程结束后，可以采用终结性评价的方法，对学生的语言技能和交际能力等进行综合评价。

（二）多元化的教学评价手段

语言教学评价是一项复杂而艰难的工作，评价的手段关系到教学评价的信度和效度。传统大学英语的评价手段，主要依靠纸笔测试作为主要或唯一的评价手段。然而这种评价手段无法客观公正地评价学生英语学习的过程和表现。

因此，需要运用多元化的评价手段对学生进行评价，除了采用传统的笔试、口试等手段外，还可以根据课程的特色来采用一些特色化的手段，如访谈评价学习档案评价、问卷评价学习日志评价等，以优、良、中、合格和差的等级分方式，全面、客观地评价学生的英语学习表现。这种综合多手段的多元评价，既可以激发学生学习兴趣和提高学生参与评价的积极性，又可以全面客观地开展评价工作，提高评价的效度和信度。

（三）多元化的教学评价目标和内容

科学的评价体系中，评价的目标和内容至关重要。传统大学英语教学的评价，主要以测验或考试的手段，仅仅对学习者的语言知识和技能做出评价。大学英语的教学目标不仅是提高学生英语语言知识和技能，还要培养学生的人文素养、跨文化交际能力和自主学习能力等，使其可以熟练运用英语。应用语言学启示我们，对学生的评价内容，要全面综合考虑学生个体差异和不平衡性，包括个体智力的差异、专业的差异、地域的差异等。

因此评价目标内容应该包括语言知识与技能的评价、学习能力与态度的评价、创新能力评价、自主学习能力评价、团队合作意识评价等。这些评价内容将大学英语的语言知识和技能的培养，综合素质的培养、创新意识培养和综合职业能力的培养进行有效的结合，能够兼顾学生个人现实需求与未来社会职业生涯发展需求，满足新形势下国家和社会对人才培养的需求。

(四) 多元化的教学评价主体

传统大学英语教学的评价主体都是教师，然而应用语言学告诉我们，大学英语教学的评价主体应该多元化，应该倡导将教师评价与学生自评、同学互评和专家评价等有效地结合起来，形成全面客观的评价。通过教师评价，可以了解学生语言知识和技能的掌握和运用情况，为教师和学生的教与学提供有效的参考和反馈，促进后期的大学英语教学。学生自评为学生提供学习反思和完善的机会，让学生充分了解自身的英语学习，能够动态地根据学习需要来调整或改变学习策略，从而提升学习效果。学生互评和专家评价能够让学生获得外部客观公正的评价，有利于学生人际交往能力的提高。总体来说，多元的评价主体能让被评价者获得客观公正多维度的评价信息，也可以让被评价者在教学过程中进行自我反思、自我调节和自我完善。

教学评价体系是教学体系的重要组成部分，因而评价在教学过程中扮演着重要的角色，它具有反馈、调节、完善教学效果的作用。应用语言学为大学英语教学的评估提供了新的思路和方向，多元智能理论能够充分尊重个体智能的差异和需求，充分发挥学生个体的才能，突破了以往终结性考试评价体系的片面性与局限性。

对大学英语课程教学而言，教学质量的评估并非单一的教学成果考核，评估的关键在于建立一套完善的全面的评估体系，运用体系对大学英语教学进行客观、全面、科学的评价，实现对学生自主学习能力、语言应用能力和跨文化交际能力等培养过程的跟踪、诊断、检测和反馈。而且能够兼顾学生个人现实需求与未来社会职业生涯发展需求，将大学英语的语言知识和技能的培养、综合素质的培养、创新意识的培养和综合职业能力的培养进行有效的结合，为培养具备综合英语能力和文化素养，适应我国社会发展和国际交流的人。因为教学的最终目的是为了学生可以应用英语去交际，所有其评价主体也应该围绕学生开展。

第五章 结构主义语言学与大学英语教学融合探索

结构主义语言学,也就是所谓的现代语法学,结构主义语言学运用于外语教学时,明确地将语言能力分解成听、说、读、写四方面的技能。体现这一观点的听说法,就将培养学生外语听说读写的实践能力作为教学目的。结构主义的教材也是适合于教学的用的,结构主义语言学受到行为主义理论的影响,在外语教学中使用的是听说法或者称作结构教学法。在结构分析教学中,主要是研究分布情况和运用替代的方法。

第一节 结构主义语言学的理论基础

一、结构主义语言学派

(一) 美国描写语言学派

1. 描写语言学对结构主义的继承和延续

尽管美国的描写语言学在整个理论体系以及方法论上与结构主义非常一致,但是它们与欧洲的结构主义学派产生的基础却截然不同。欧洲的结构主义语言学派是自觉地接受索绪尔的理论主张,美国的描写语言学则是与索绪尔的理论主张不谋而合;可以说,它们两者产生的基础虽然不同,但却殊途同归。因此,从理论主张和理论观点倾向来看,人们把它们归为一个学派,都称之为结构主义语言学。

描写语言学是在调查、研究印第安语系诸语言的过程中产生的。印第安语系的语言和印欧语系的语言很不相同:从发生学的角度来看,它的起源说不清楚,究竟从什么语言,哪一个语言发展分化而来的无从考察,它大约有一千

五、六百种之多，彼此之间的差别还很大；从社会历史的角度来看，它没有形成文字，没有记录的工具，找不到它的系统或具体成分的发展轨迹；从结构形态角度看，它是一种多式综合语，与人们常见的词根语在形态上、结构上都有很大的差别。要想研究它，没有任何资料可做参考，只能从现场调查、记录入手；在核对记录下来的材料时，也只能从形式的描写作起。美国的描写语言学就是通过描写印第安语言的实践，总结出自己的独特的方法论和语言理论来的。

印第安语言的调查和整理的活动与索绪尔的主张不谋而合，这一方面说明索绪尔思想理论符合语言研究的发展规律，另一方面，表明了描写语言学的本质和特色，说明描写语言学与结构主义是相通的。

2. 描写语言学的发展时期

美国描写语言学到了布龙菲尔德（Leonard Bloomfield）时代得到空前的发展，成为名副其实的结构主义语言学派，来到了美国语言学的第一个顶峰时期，由20世纪30年代一直持续到20世纪50年代初期，这个时期被称为布龙菲尔德时代。布龙菲尔德以后，美国语言学进入另一个时代。这个时代，一方面是结构主义学派的继续延伸和发展，另一方面开始了对结构主义学派的批判，产生了许多新的学派，呈现出一派繁荣的景象。但是结构主义学派并没有偃旗息鼓，还在继续发展，只不过不占绝对统治地位而已。人们把这一时期的结构主义语言学称为后布龙菲尔德时代。

(二) 哥本哈根学派

1. 哥本哈根学派建立的背景

哥本哈根学派是欧洲结构主义语言学派之一，是丹麦的语言学家在丹麦首都哥本哈根1939年创立的，所以叫作哥本哈根学派，又称丹麦学派。这个学派的建立，自有其独特的背景。其一是斯堪的纳维亚的语言研究传统；其二是布拉格学派的积极影响。他们在1931年继布拉格学派成立之后，宣布成立自己的学派。

哥本哈根学派的建立与索绪尔的理论及布拉格学派的激发有直接的关系。1916年索绪尔的《普通语言学教程》被整理出版，立即受到哥本哈根学派的几位学者的重视，他们受到了很大的启发，他们接受了索绪尔关于"语言"和"言语"区分的理论思想；接受了索绪尔关于符号学的理论思想，特别是关于"能指"和"所指"的划分和论述；他们还接受了索绪尔的语言系统的理论思想，特别是共时系统的聚合关系和组合关系的思想。

2. 哥本哈根学派的代表人物

哥本哈根学派的代表人物主要有三位，都是学会成立时期的骨干。这三位学者是乌尔达尔（Uldar）、叶姆斯列夫（Louis Hjelmslev）和布龙达尔（Viggo Brondal）。三人中影响最大的是叶姆斯列夫。布龙达尔则是"结构语言学"名称的提出者。

3. 哥本哈根学派的语言学理论

就哥本哈根的初期的语言学活动来看，成就最高的、影响最大的，莫过于叶姆斯列夫，他是哥本哈根学派的代表。所谓代表，指的是他的语言学理论思想。叶姆斯列夫的主要学术业绩在于语符学，在致力于语符学研究的同时，涉及语言学理论的一些问题，而语符学的建立是由音位学的研究开始而归结到语符学上来的。从语言理论、语符学两个问题来介绍哥本哈根学派的语言学理论。

（1）语言理论

叶姆斯列夫总结了前辈学者对"语言"的论述，从一个新的角度来看待这个问题。他考虑到语言的本质，语言的遗传性和社会性，语言与思维的关系，语言与文化的关系，语言的社会功用等方面来论证语言。总体来说是从语用角度来论述什么是语言的，尽管语用学在当时还在哲学领域、符号学领域里讨论，但是叶姆斯列夫已经在语言学领域里明确了这种观点。叶姆斯列夫接受索绪尔的"语言是符号系统"的论断，承认语言是一种符号系统，但是在"符号"一词的使用上与索绪尔不同。索绪尔的"符号"是"能指"和"所指"的统一体；叶姆斯列夫的"符号"，则单就"能指"而言。他的观点坚持所谓语言，是就能指而言的，它是一个符号系统，是一个"纯演绎系统""一个自给自足的整体"。一种语言，为了适应需要，就必须能够创造新的符号。然而为了实用和便于应用，它就必须能够从有限数量的非符号，即所谓"符形"构造出无限数量的符号。因此，一种语言只有把外在功能、和非语言因素的关系都考虑在内，才是一种符号系统。至于谈到内部结构，一种语言就是一种"符形"系统。

叶姆斯列夫对语言学也提出了自己的看法，此前的语言学，并不是真正地研究语言，而是把语言的研究当作工具去研究其他学科。把语言看作是符号系统却不去研究语言符号本身，而是去研究人类思维系统和人类心理；把语言看作是一种社会制度，为的是研究一个民族的特征；把语言看作是一种不断变化的现象，为的是研究人类的历史。总之，以前的语言学研究的是语言的、物理的、生理的、心理的、逻辑的、社会的、历史的各个方面，并没有去研究语言本身。叶姆斯列夫认为这是很危险的，这样做必然会忽略语言的本质。叶姆斯列夫把语言看成是一个独立的、自给自足的完整的系统,因此语言学必须把语言当作一个独立配套的自足体系去研究语言。一句话,要研究语言本身;研究语言本身,才能把语言学变成真正的科学。

叶姆斯列夫的关于语言学的观点,比索绪尔更极端、更绝对化。其实,语言是种综合现象,它既有物理的、生理的、心理的属性,又有社会的、逻辑的多种性质,无论从那一方面研究语言都应该说是可以的,都是语言研究范畴内的东西。由此我们可以看出,叶姆斯列夫的主张是追求一种"纯语言学"。

(2) 语符学

哥本哈根学派以"语符学"为旗帜在语言学界独树一帜。最初,语符学是乌尔达尔和叶姆斯列夫两人合作的结晶,由于二次大战两人的合作中断,后来分道扬镳。乌尔达尔在逝世前完成《语符学纲要》一书,去世后出版,宣告研究的终结。但是由于乌尔达尔英年早逝,学术影响不大,语符学的大旗就由叶姆斯列夫挑起来了。

叶姆斯列夫接受了索绪尔的理论思想作为语符学的理论基础。这些理论思想主要有三个:①语言和言语划分的理论,语言是一个符号系统;②语言是形式而不是实体,语言中重要的不是实体而是关系;③符号是由能指和所指构成的两面体。

叶姆斯列夫并不完全拘泥于索绪尔的论断,而是以之为基础按照自己的理解进行重新诠释。首先,语言是形式,语言形式指的是语言符号的能指。因此,叶姆斯列夫认为,只有能指系统才是真正的语言,能指才是语言研究的真正对象。语符学就是专门研究语言的能指系统的,其他方面如语义的研究都是非语言的。对于语言,叶姆斯列夫把它当作一个"系统"(指能指的系统);对于言语,叶姆斯列夫把它当作"过程"(语言运用所产生的结果)。语言符号构成"系统";语言符号被运用在"过程"当中。

语言符号有一定的功能,功能在过程中起着不同的作用,呈现出不同的表现。语符学归根结底是研究语言符号的功能的,根据功能的不同作用和不同表现,归纳成语言符号功能系统,归结为"符形"系统。"功能"中已经包含了语义的因素在内,具有功能的符号实体,是以意义在形式上的投影出现的,表现出来的还是形式。语符学就是从这样一个角度,用这样一种方法去分析、描写语言事实。叶姆斯列夫的语符学实际上是一种方法论的学科,他以新的视角去认识语言系统,以新的方法去分析语言系统。他把这一学科称作语言代数学。叶姆斯列夫把语言系统分为两个不同的层面,一个是语言层面,他称之为"系统";一个是语言运用的层面,称之为"过程"。符号在两个层面中都起着一定的作用,叶姆斯列夫把这种作用称之为"功能"。

符号系统是一个自给自足的整体,这个整体是由许多个独立的实体根据各种不同关系构成的。一个实体其实就是一个符号,每个符号都是一个"双层"的两面体(能指和所指)。每个两面体在"系统"和"过程"中功能是不同的,在系统中,是形式(能指)—内容(所指)的关系;在"过程"中是表达(能指)—内容(所指)的关系。符号与功能之间有三种关系:①依存关系;②决定关系;③共存关系。在两个层面中,符号—功能之间的关系是一样的,但反映出的性质不同。

叶姆斯列夫用他建立的这套概念体系和方法,加上一些辅助手段去分析语言系统和语言运用所形成的话语实际的。

(三) 布拉格学派

1. 布拉格学派建立的背景

布拉格学派成立于 1926 年,当时捷克斯洛伐克语言学家马泰修斯(Vilem Mathesius)发起倡议成立一个语言学会,会址设在捷克首都布拉格,因此以布拉格命名,称为布拉格语言学会。布拉格学派的骨干学者明显地分为两支,称为两翼:一翼是捷克斯洛伐克学者,马泰修斯和哈弗拉奈克文学教授(Bohuslav Havranek);一翼是俄罗斯学者特鲁别茨柯依(Nikolay Trubetzkoy)和雅可布逊(Roman Osipovix Jakobson)。

捷克学者这一翼,都是从事语言理论和语言教学研究的,主要人物是马泰修斯。俄罗斯翼的学者主要从事语音学研究,学会建立后,正是他们建立了现代音位学的理论体系的。布拉格学派的主要贡献就是现代音位学,对世界语言学的发展,以及语言学的其他学科的研究都有很大的推动作用。但是捷克学者这一翼,特别是马泰修斯,很多理论主张都受索绪尔的影响,人们把布拉格学派称为结构主义语言学派与马泰修斯是有必然联系的。

2. 布拉格学派的代表人物

从学派学术特点和体系归属角度来较为详细地介绍他们中有代表性的几位学者,他们就是捷克翼的马泰修斯;俄罗斯翼的特鲁别茨柯依和雅可布逊。

马泰修斯的主要语言理论观点是强调语言的功能,主张分析语言现象要首先考察其功能。在语言研究的各个平面上:确定语言事实、划分语言手段的类别、描写语言结构、解释语言手段的演变规律等,都应以功能作为依据。语言学界根据他的这一基本主张,加上特鲁别茨柯依和雅可布逊在音位学的研究中也十分重视功能,所以称布拉格语言学派为功能学派。

马泰修斯的许多语言学思想和观点都与索绪尔非常接近,可以看出索绪尔对他的影响。这一思想是索绪尔思想的核心,是结构主义学派的灵魂。这也是人们把布拉格学派归属于结构主义学派的根据之一。此外,马泰修斯还注意句子结构的区分以及在言语交际中确立句子的信息核心问题,这说明他已经有了萌芽状态的语用学的思想了。

特鲁别茨柯依从两个音位相互对立的逻辑关系及辨义范围大小出发,对音位进行了详细分类,将"功能"的观点贯彻到底。特鲁别茨柯依除了从理论上确立了"音位"这一基本概念以外,还对音位学的其他一系列重要概念进行了阐述。另外,对"重音、音高、语调"等韵律特征也进行了一定的分析。

特鲁别茨柯依第一次勾画了音位学的体系,他所使用和确立的一系列音位学的方法、概念、术语在今天的音位学研究中得到了广泛的应用,并且推广到语法学、词汇学、修辞学等诸多语言研究领域。

3. 布拉格学派的后期音位学理论

布拉格学派的后期音位学理论以雅可布逊为代表,与其说雅可布逊是特鲁别茨柯依的继承人,不如说是他的同事。他们同时参加布拉格语言学会,同时进行语音研究,同时创立了现代音位学的基本理论体系。特鲁别茨柯依逝世后,雅可布逊继续他们的音位学事业,整理、出版了特鲁别茨柯依的遗稿《音位学原理》,进一步钻研,发展了音位学的理论,受到世界语言学界的一致称赞。雅可布逊的音位学理论在特鲁别茨柯依时期就奠定了基础。

1928年他与特鲁别茨柯依和卡尔谢夫斯基(Karshevsky)一起在海牙国际语言学家第一次代表大会上提出的一份建议,那时就开始了他的理论研究。1938年特鲁别茨柯依逝世时,他的理论已经比较成熟了,已经明确地提出来"音位区别性特征"的理论思想,只是由于不久捷克就被德国法西斯占领,雅可布逊未得深入研究,就流亡到美国去了。到美国后他一面组织布拉格学会的流亡学者继续语言学的研究工作,并同美国的学者结合,共同完成了他的理论构想。雅可布逊的音位学理论可以看成是布拉格学派的延续和发展,是布拉格学派的后期理论。

雅可布逊在布拉格学派前期音位理论的创建中就崭露头角,他对音位的分析,成功地运用了索绪尔二分法的原则。早在1928年第一届国际语言学家代表大会上他就强调音位的相关性。他对音位的二元对立的分析与索绪尔虽然一致,但他不同意索绪尔的"能指的线条性"的观点,而是把音位分析为区别性特征。

1938年,在国际第三届语音学代表大会上,他宣读了《辅音音位分类研究》的论文,把这种二项对立的分析方法推广到整个音位系统的研究中去了。他着重指出:索绪尔关于音位首先是对立单位的论点是普遍有效的。音位之间的关系是两分对立的关系,要么是矛盾的,要么是相反的。尽管雅可布逊的

"区别性特征"的思想和理论在 20 世纪 30 年代已经形成,它的系统分析于 1938—1941 年的文章中也已初具轮廓,但全部工作和完整的理论体系却是在二次战后在美国完成的。

1952 年雅可布逊在麻省理工学院任教,与范特(G. G. M. Fant)、哈勒(M. Halle)一起发表了"麻省理工学院声学实验室"的《言语分析—区别性特征和它们的关系》的报告,系统地阐述了区别性特征的综合理论。后来,经过修改完善成为我们今天看到的完整的理论体系。

二、索绪尔的语言学理论

(一)语言是一种系统的存在

1. 语言和言语

对于语言和言语的关系,我们应从两个方面去加以理解,一个是语言和言语是有区别的,另一个是语言和言语是有联系的。首先要涉及的是两者的区别,索绪尔把语言和言语的区别放在首要位置来谈论。一是语言是个系统,是社会共有的交际工具,社会因素是其本质因素而言语是人们运用语言工具说的过程和结果,具有社会的因素外,还具有个人的因素;二是语言系统是社会共有的交际工具,是稳定的,具有相对的静止状态。而言语是人们运用这个工具进行交际的过程和结果,是自由结合的,具有运动状态。

最早强调语言社会因素的是美国语言学家惠特尼(William Dwight Whitney),他把语言看作是与所有其他社会制度一样的一种社会制度,并加以卓有成效的研究。虽然语言和言语是有明显区别的两种东西,但我们必须看到他们二者之间的联系。语言是使言语成为可能的社会规约和机制,言语是语言的基础和前提。从历史上看,言语的事实总是在前的。促使语言演变的是言语,听见别人说话才学会母语,经过数次经验存储在自己的脑子里。由此可见,语言和言语是互相依存的,语言既是言语的工具,又是言语的产物。我们可以做出总结的是,语言和言语是相互作用,相互依存的关系。语言和言语互为前提,相互联系,我们可以认为语言依存在言语中,然而语言来源于言语,又反作用于言语。

2. 共时性和历时性

19 世纪初,许多学者把历史比较语言学和语言的历时性为主要的研究对象并占据主导地位,作为一位历史比较语言学家,索绪尔通过对语言的历时性方面的重点研究以外,他发现了与其对立的语言的共时性,进一步区分"历时"和"共时",提出共时语言学和历时语言学。

共时语言学研究是把共存辞项联系在一起并构成系统的逻辑关系和心理关系，这些关系是同一个集体意识所能体认的，所以称之为静态语言学；而历时语言学则相反，它研究把连续要素联系在一起的关系，它们不是同一个集意识所能体认的，他们相互替代，之间不致形成体系，所以称之为演化语言学。对共时语言学和历时语言学加以区分并对二者关系加以辩证分析，这是具有深远意义的，是语言学理论上的重大进步和发展。按照索绪尔的推理，在区分了语言和言语之后，语言学势必要及时做出另一项区分，即"共时"与"历时"。

3. 句段关系和联想关系

在话语中，各个词，由于它们是连接在一起的，彼此结成了以语言的线条特性为基础的关系，排除了同时发出两个要素的可能性。这些要素一个挨着一个排列在言语的链条上面。这些以长度为支柱的结合可以称为句段关系。句段关系是横向上的组合关系。联想关系是词语在纵向上的聚合关系，这些配合不是以长度为主柱的；它们的所在地是在人们的脑子里。它们是属于每个人的语言内部的宝藏的一部分。纵向的句段关系和横向的联想关系是指语言系统复杂结构的两种基本关系。它们可以反映出索绪尔结构主义语言观，句段关系决定着话语结合的可能性，指那些可能结合成为序列的成分之间的关系，它是基于语言线性本质的，存在于话语之内的。与此相反，联想关系存在于话语之外，存在于某一语言成分和由它联想起的、与它有些共同之处甚至可以替换它的语言成分之间。后来人们把索绪尔的这对概念修改成：组合关系和聚合关系。

句段关系与联想关系两者之间是相互联系相互制约的，句段关系可以帮助联想关系的建立，联想关系又是分析句段的各部分所必需的。句段关系和联想关系构成了纵横两条轴线，正如索绪尔所说的"正是这许多通常的关系构成了语言，并指挥它的运行。在语言里，每项要素都由于它同其他要素对立才能有它的价值。"[1] 所以说，每一个语言要素的价值就体现在这个两条纵横交错所构成的坐标上，从而使语言系统正常运行。

(二) 语言是一种符号的存在

1. 索绪尔符号观的提出

索绪尔是第一位正式将语言研究纳入符号学视野的语言学家，所以他被称为"现代符号学的创始人"。索绪尔在《普通语言学教程》一书中首次明确地指出语言学是符号学的一部分，表达了他的"符号学"设想。在许多学者看来，语言和符号是相互依存的关系，没有语言说明就没有符号系统，没有符号

---

[1] 索绪尔. 普通语言学教程 [M]. 高名凯，译. 北京：商务印书馆，1980：128.

就没有语言。索绪尔的符号学理论为现代符号学的发展绘制了一幅蓝图。它暗示了语言学将作为符号学的基本模式,并将注重符号的心理内涵和意指作用的研究。而索绪尔所提到的语言与言语、能指与所指、句段关系与联想关系等索绪尔语言学思想也都成了现代符号学的基本原理。所以,索绪尔往往被称为现代语言学之父。除了语言符号之外,他还提到对盲文、旗语、军事信号、密码和礼仪等非语言符号的研究。

索绪尔还赋予语言学在符号学中的特殊的重要地位。他认为,语言是一个表达意义的符号系统,因此它可以和其他符号系统相提并论,但由于语言系统的特殊性质和特征,又可以把它和其他符号系统分开。而且语言是符号系统中最重要的一个符号体系,因为完全任意性的符号比其他符号更能实现符号化的过程。因此,从这个意义上讲,虽然语言学不过是符号系统的一个分支系统,但它是所有符号系统分支中最重要的模式。

2. 索绪尔符号观

(1) 符号的意指性

意指性是语言最重要的一个基本特征,也是包括语言在内的一切符号系统共有的基本特征。奥古斯丁(Aurelius Augustinus)曾说过:"符号是这样一种东西,他使我们想到在这个东西加诸感觉的印象之外的某种东西。"[1] 语言符号的基本功能是意指关系。意指关系总是包含两个彼此联结的项:意指他物之物和被意指之物。

索绪尔认为能指与所指的同义才构成符号,反对仅仅将"能指"看作符号,其用意在于强调不能离开意指关系去讨论符号。"能指"与"所指"的区分和联结仅仅是一种抽象。事实上,在日常语言的使用中,人们常常仅仅在"能指"的意义上是有"符号"这个词,甚至索绪尔本人也在不同的上下文中将仅仅作为"能指"的符号和作为"能指"与"所指"统一体的符号混用。由于在特定语境中仅仅将"能指"或"表达"称作符号,在使用上是方便的,因此我们也遵从这一惯用法。只是需要事先强调的是:"能指"并非因为它本身,而是因为它具有意指他物的意指功能才使它成为"能指"的。

索绪尔语言符号理论基于一个前提,那就是,他将语言视为一个相对自足或独立的系统。和能指一样,语言符号的所指处在这个系统中,是与外界事物相联系的概念而不等同于外界事物。能指和所指这一对概念的出现并被广泛地应用于现代符号学中,并赋予其生命力。能指与所指概念的提出最重要的理论意义和实践意义就是促使现代符号学的建立和发展,同时也体现了索绪尔的哲

---

[1] 奥古斯丁. 奥古斯丁忏悔录 [M]. 向云常, 译. 北京: 华文出版社, 2003: 99.

学态度。

(2) 符号的任意性

索绪尔语言学理论的第一条原则讲的就是符号的本质，语言符号是任意的。能指和所指的具体结合就构成一个任意的实体。这条高深莫测的原则一旦被理解之后，就成为认识语言和研究语言的关键。他认为："符号的任意性原则没有人反对。但是往往发现真理并不难，正确估价真理却更加困难。上面所说的这个原则支配着对整个语言的分析，它的意义是无法估量的。诚然，这种意义不是一下子就能看得清楚。"① 能指和所指相结合所产生的整体形成符号，关系是任意的，我们可以简单地说：语言符号是任意性的。索绪尔十分重视符号的任意性原则，甚至有些学者认为符号的这一原则是索绪尔语言学理论的基本内容所在。语言符号的任意性是深刻地体现了索绪尔语言符号观本质，索绪尔更是把语言符号的任意性原则视为最重要的原则。

所以，只有在达成共识的任意性概念的基础之上，我们才有可能来讨论语言符号的任意性。任意性是指语言符号的两个方面，即形象与概念之间不存在任何实质性的因果关联。符号能指的物质形式不取决于符号所指的物质形式，反之亦然。

(3) 符号的特征

索绪尔认为："能指属听觉性质，只在时间上展开，而且具有借自时间的特征：(a) 它体现一个长度，(b) 这长度只能在一个向度上测定：它是一条线。"② 索绪尔语言理论的第二条原则是语言符号能指具有线条性，这是语言符号的一个重要而又明显的特征。与此同时，这个特征与语言机构的横向组合是密切相关的。可以说，语言单位内部成分之间的横向组合关系是以线性方式呈现出来的。

三、美国结构主义语言学派的语言学理论

美国结构主义语言学是指以布龙菲尔德和后布龙菲尔德学者为代表的美国描写语言学派的一整套语言理论。他们的共同点是：把语言看成是一个符号系统，强调共时语言的重要性，强调分析、研究语言的内在结构。到了20世纪50年代，从结构主义语言学派中分化，发展出一个新的语言学派，即"转换生成语法"学派，其创始人是乔姆斯基。他的语言学理论的中心是关于"表层结构"和"深层结构"的理论。这种理论观点为，人类每一种语言系统都

---

① 索绪尔. 普通语言学教程 [M]. 高名凯，译. 北京：商务印书馆，1980：103.
② 索绪尔. 普通语言学教程 [M]. 高名凯，译. 北京：商务印书馆，1980：110.

具有表层结构和深层结构两个层次。表层结构是人们可以说出，写出，听到，看到的，而深层结构是"存在于说话者，写作者，听者或读者的心里的"。深层结构是表层结构的基础，深层结构经过转换则生成表层结构。在此基础上，有人认为语言学研究的对象是语言能力而不是语言运用。只有正确地描写出说本族语言的人的内在语言能力，这种语法的描写才是充分的。因此，其理论的目的是要在各语言之间寻找一种"普遍语法"。

美国结构主义语言学的理论渊源。众所周知，索绪尔是20世纪重要的语言学家之一。他在与新语法学派针锋相对的过程中产生了《普通语言学教程》的重要思想。《普通语言学教程》的问世，全方位革新了以前人们对语言的认识及研究方法。在索绪尔的观点中，语言是由各个要素构成的一个系统，语言学研究的不是各个要素，而是各个要素之间的关系。索绪尔理论最重要的一个方面在于其语言的"系统"观。在索绪尔的观点中，符号间的相互关系构成了语言的系统，符号的价值在于其相互关系，而不在于符号本身。布龙菲尔德虽未提及或讨论系统的概念，但是对语言的分析完全建立在"系统"及与之相关的"价值""关系""差别"等结构关系的基础之上。

实际上，结构主义的"结构"，指的就是索绪尔的"系统"。所以，美国结构主义语言学是索绪尔思想的延伸。尽管乔姆斯基的转换—生成语法在很多方面对传统语言学理论有了革命性的发展，但就其理论的本质而言，我们仍能清晰地看出索绪尔的"语言"和"言语"理论的痕迹。实际上，《普通语言学教程》的出版，标志结构主义语言学的创立。索绪尔语言理论为美国结构主义语言学派的产生与发展打下了基础，构成了这一学派的理论基础。

布龙菲尔德的《语言论》，标志着美国结构主义语言学的正式诞生。在此之前，布龙菲尔德是站在德国构造心理学家冯钱的立场上来研究语言，而《语言论》则转到了华生（Watson）和魏斯（Weiss）的行为主义心理学的立场上，其主要价值在于它奠定了美国结构主义语言学的理论基础，当然它也涉及了一些对语言进行分析和描写的最基本的操作方法。书中所提出的一些重要的概念，为结构主义理论和方法的进一步发展打下了基础。他在论文《语言科学的一套公设》采取了近乎数学定义般的严谨表达方式，从而最大限度地避免了传统语言学中存在的定义含糊，分析标准混乱及由此导致的循环论证等众多问题。其语言理论转而开始遵循语言描写与分析中的精确，客观和缜密。此外，在语言研究中还力图排除心灵主义，泛灵论及目的论的干扰，从而保证了语言研究的纯洁性与科学性。如果说索绪尔的主要贡献在于奠定了现代语言科学的基础的话，那么布龙菲尔德的主要贡献则在于他使语言研究成为一门科学。

乔姆斯基的《句法结构》，标志着美国结构主义语言学研究进入了一个崭新的阶段。其理论优点是：一方面在于句法理论具有较强的生成能力和解释能力。另一方面也由于其建立在理性主义的哲学基础上，因而具有较强的逻辑哲学力量。这也就是转换生成语法近几十年来一直保持着较为旺盛的生命力的原因。

第二节　结构主义语言学对大学英语学习的影响

美国结构语言学派强调替代方法的应用和分布情况，重视语言结构的形式描写，并重建了语素音位概念，创造了著名的"听说法"。布拉格音位学派重视各语言要素个体的功能及其对比，并在音位与语音区别的理论上取得了重大成果。哥本哈根语符学派认为语言可计算，呼吁语言精确化。结构主义语言学无疑对我们学习理解英语有着十分积极的作用。

一、结构主义语言学对大学英语学习的积极影响

（一）激发学生学习英语的兴趣

语言寓于言语，言语是我们在特定情境中使用的语言，其基本功能为交际功能。在英语教学中，学生就是受众，这就要求老师在进行英语教学时，将结构主义语言学理论应用于现实英语教学之中，使学生主动模仿不同的语音语调，学习语法和句型，能够有效提升他们的语言及言语能力。另外，语境教学法能够使学生更好地适应课堂学习，增加他们对英语课程学习的认同感，培养他们对语言学习的兴趣。老师还可以在口语课上采取直接交际法，这有利于培养学生的语感，让学生敢于应用，相互学习的同时，产生彼此竞争和合作的双重关系，激发学生学习英语的内在动力。

（二）培养学生学习英语的习惯

从实际教学经验来看，英语教学应该从结构语言学角度出发，并可以借鉴机械主义强化论的有益元素开展教学。英语语言的学习环节中，只有学生主动将课堂上学习的知识应用于实际当中，所学语言知识在应用当中才能够被扎实地掌握，做到学以致用。通过结合结构主义语言学的教学理论，培养学生良好

的英语学习习惯，能够使他们扎实地掌握英语学习中的各个要点，并且养成良好的英语学习习惯，有助于学习者在英语学习上不断取得新发展、新成果。

（三）营造学生学习英语的环境

采用听说法理论基础教学，有利于营造良好的学习情景，促进学生高效快速地掌握英语口语。"听说法"由美国结构语言学派在20世纪50年代左右发明，美国结构语言学派认为语言是符号和形式系统，是一套习惯。听说法教学以口语为中心，辅之以句型和结构，强调模仿的重要性和语音语调的准确性，广泛应用对比和重复的方法。

以"听说教学法"为基础而形成的教学模式可归纳为：机械性操练—背诵—理解性操练—使用。这种重复而机械的句型操练对于学习者掌握目标语言基本的表达方式发挥着重要的作用。20世纪60年代一系列的探究，也证实了听说法能够使学习者掌握目标语言中基础而核心的表达方式。因此，通过重点句型教学在语言教学过程中有其一定的重要性。下面是教学法的四个特征：

（1）听说为先，兼顾书面语

"听说教学法"把听说能力的培养当作外语教学的主要目标。这与社会和学习者的实际需要是吻合的。同时也受到语言研究的观点的影响，即语言首先是有声的，不是一成不变的书面语，因此学习语言首先应该学习讲话。"听说教学法"的倡导者将听说能力看作是培养读写能力的基础，并认为语言材料首先经过耳听、口说，之后才落实到书面文字上。因此，语言教学的首要任务是组织起有效的听和说训练。

（2）反复实践，形成习惯

"听说教学法"强调语言学习是过渡学习的观点，要求学习者经过大量、反复的操练，达到自动化地掌握语言材料的程度。它还要求尽量避免和及时纠正学生的错误。反复操练的做法主要来源于"语言是一套习惯"的观点。因此，语言研究者认为语言学习主要指学习该语言的习惯，通过不断的刺激以及给出积极的反应，可以使学习者形成这一习惯，即掌握了所学语言。

（3）句型为纲，组织教学

句子是表达意思的基本单位，句型被当作是无数句子中归纳出来的、具体化的句子模式，是语言遣词造句规律的体现。外语教学应促使学习者熟练地掌握外语的基本句型，培养他们根据这些句型类推出较多其他句子的能力，进而达到口语交流的目的。

（4）趣味性，实用性并重

与过去不同的是在教学材料的选择上，不再采用枯燥、单一的古典文本或书面体素材,而是选择人们日常生活的素材。这些素材与人们的日常活动、社会交往紧密相连,有利于听说的操练和实践。

这种听、模仿、反复练习的学习模式,包含了大量的练习和重复的语言实践,有利于培养正确的语言习惯和良好的语感,为学生学习英语主动创造了良好的环境。

二、结构主义语言学对大学英语学习的消极影响

（一）强调语言输入,不重视语言输出

在结构主义语言学应用于实际英语教学中时,存在强调语言输入,不重视语言输出的问题。结构主义语言学过于重视听读,强调机械的模仿,这样往往会导致学生在英语学习中出现"眼高手低"的现象:听得懂,看得明,可就是写不出,说不好。这种现实情况在很大程度上是由于结构主义语言学研究理论中自身的缺点导致的,由于在学习中只是让学生进行结构的熟记,仅仅进行"输入",而没有"输出"环节,这就导致学生在运用的过程中可能出现困难。因此,我们必须努力改变这种情况,加强"输出"环节,促进结构主义语言学在英语学习中的正确应用。

（二）不利于提高学生的实际应用能力

从结构主义语言学自身来说,它重点是研究固有的语音和单词句子等语言要素的功能和关系。布拉格学派对语音和音位做出了区分,认为语音能区别本身意义的语言单位。哥本哈根学派则更为极端,认为语言是形式不是实体,过分重视形式分析和客观描写,而忽略了语义的重要性和语言的交际功能。这样就十分不利于提高学生学习英语时的实际应用能力,类似于纸上谈兵,他们大部分人可能理论知识得高分而在现实生活中却无法正确使用所学的英语知识和别人交流。

（三）语言方面缺少灵活性

从结构主义语言学的研究来看,它的研究对象是固有的语言要素,而在其研究方法中,十分重视对口语的研究和语法的研究,而且认为描写语言必须从形式而不是含义的角度出发,该观念认为由于含义存在较大的主观性而不值得信赖,所以会在科学描写中排斥意义。但实际上,语言是意义和形式的结合体,在语言的研究和应用中,缺少了形式或者意义两者中的任意一方,都会导致语言学习和研究的片面和不灵活。

第三节　基于结构主义语言学的大学英语教学对策

一、基于结构主义语言学的英语听说教学对策

（一）结构主义语言学听说教学法概述

1. 听说教学法的意义

随着大学英语改革的推进，教学目标也相应地发生了变化，之前着重培养学生的阅读能力转而现在则越来越重视学习者综合的语言能力，尤其是听说能力的培养。新的教学目标对学生听说能力以及交际能力的不断重视，对大学英语教师在教学方法的选择上也提出了新的要求。听说教学法在以下几个方面发挥了积极的作用。

（1）听说教学法主张通过不断的练习提高口语表达能力。就现状而言，大学生口语练习远远不够。因此，课堂中使用听说法教学对学生口语表达能力的提高会有很大的帮助。

（2）在使用听说教学法的课堂中，学生需要记忆目标语言中许多重要的句型和表达方式。现如今大学生在学习英语过程中的记忆量欠缺。虽然综合的语言学习方法十分重要，记忆在语言学习中也起到了不可忽略的作用。

（3）通过听说教学法，学生进行口语练习的自觉性及意志力都能得到很大的提高。口语练习需要学习者具备吃苦耐劳的精神，这种精神在语言学习中是不可或缺的。

2. 听说教学法在实际应用中的优势与问题

（1）优势

听说教学法与之前教学法相比有很多优势。与传统的语法翻译法相比，它在一定程度上增加了学生的实际交际能力，增强了学生的语感，培养了学生的语言技能，改变了学生只会写不会说的尴尬局面。与直接法相比，学生通过大量的日常练习，增加了对语言材料的理解和记忆，深入了解语言的基本结构，并逐渐掌握了这门语言的核心知识。

更重要的是听说法使同学在平时的操练中参与到了实际的语言活动中，使学生发挥了自己的外语学习潜力。口语的学习能提高学生的兴趣，交际活动能

使得学生增加成就感，学生的反应得到强化，最终形成一种习惯。

(2) 实际应用中的问题

①听说法过分强调了语言基本结构的操练。多次机械地重复虽然能够掌握语言的基本结构，但会使得整个学习过程变得太机械化，失去它原有的兴趣。此时教师就该转变自己的角色，从一个领导者、逼迫者变为一个启发者，并设计与教学内容相关的情景以及提示新旧知识之间的线索。

②听说法要求学习者每日进行大量的口头练习。但在实际的教学中，学生只有在每天的英语课上听说英语，下课后只有相应的词汇、语法等笔头练习。听说法的要求没有严格执行。长此以往，许多学生在学了六到七年英语后，连最简单的问候都听不懂，做个简单的自我介绍都有困难。

所以要严格执行听说法的要求，可让学生每天回家后在写家庭作业之前，跟随与所学内容相关的视频音像出版物来大声反复朗读。较之书本等无声材料，相同内容的动画片就比较容易吸引学生，其中的对话又能使学生扩展词汇量，如果一直坚持下去，学生会自然而然地明白一个句子中的语法结构。现在市面上有很多类似的声像出版物，学生很容易购买到。

③听说法要求学生准确无误地练习句子结构，这就要求老师立即纠正学生所犯的错误。但此种方式会打断学生的思维，打击学生的学习兴趣，没有对学生的反应加以肯定，这势必不会形成对该知识的强化。在纠正错误时，老师应该在合理的时间用合理的方式让学生明白犯这种错误的原因，以便学生不会再犯同样的错误。

④在听说法中学生应该转变其被动的角色。教师的任务不再是领导学生，逼迫学生，而是启发学生，在平等的基础上与学生进行交流。学生在受到启发后应大胆地参与到课堂活动中，把所学知识运用其中，这样知识才可以得到强化。例如，老师可让学生模仿动画片中人物的对话，这样学生就可在有趣的对话内容、生动的图片，精彩的故事情节中学习到英语基本句子的结构，并得到最大限度的知识强化。

总之，索绪尔最早提出的语言系统观、语言符号观为后来结构主义语言学的发展奠定了基础。美国结构主义语言学派继承和发展了索绪尔语言"系统"的理论，注重语言的口语和共时描写，注重语言形式的描写和分析，并通过科学研究将结构主义语言学的研究成果运用于外语听说教学法中，使外语教学从一种技能转变为一门科学，学习者能够更快更好地学习外语。

（二）听说教学法实施步骤及策略

1. 课前：学生充分预习

上课前，老师将要学的内容告知学生。学生课前预习单词和课文，了解大意后模仿录音跟读单词和课文。着重模仿录音的语音和语调，反复练习直到不看课文跟着录音可以复述，并且要做到语音语调相同。这样大量进行跟读训练是为了让学生了解熟悉课文，同时提高学生的口语表达能力，做到语音语调准确得当。学生课前自己预习，还能提高老师上课的效率，老师在有限的时间内可以传授更多的知识给学生，把精力更多地放在学生的掌握上而不是放在讲解课文内容和带领学生朗读上；对学生自己来说，在有限的时间内可以接受更多新的知识，同时还能对预习的内容进行温故和再认识，从而提高自己对于文章内容的理解能力。课前预习是听说教学法非常关键的一步。

2. 课中：全英授课，纠正发音

课上老师一定要全英文授课，一方面可以使学生的注意力高度集中，因为学生的母语不是英语，所以听英文肯定没有听中文那么简单，如果老师全英文上课，学生会高度专注于老师讲课的内容，因为一旦一句话没有听懂可能就会影响接下来的课文学习。另一方面，学生通过高度集中的听英文，自己的听力水平肯定会大大提升。学习外语，首先要听得懂别人说话才能跟别人用英语交流。潜移默化中，学生就会把听英文当成一种习惯，久而久之，学生不管在什么场合下听到英文都不会觉得陌生了。

如果把听英语当成一种习惯，讲英语也会相应变成一种习惯，很多英语表达也会相应脱口而出。就像小孩子刚开始学说话一样，都是靠听大人说话模仿来的，慢慢地就会说很多话了。课上老师还需要对学生的发音进行再纠正，防止学生没有发现自己的错误，从而造成习惯性的错误。老师可以播放录音，学生跟读，老师根据学生的发音来判断需不需要纠正，对于一些较难的或者学生出现错误较多的单词和短语，老师应当花更多的时间让学生跟读，达到无误的地步。

3. 课下：复习巩固，背诵课文

课上老师全英文授课可能会给学生一种冲击，学生可能会暂时的适应这种全英文的环境，如果不继续在这种环境中熏陶的话，这种感觉很快就会消失。所以学生课下还要继续加强听力训练和跟读练习，听力训练可以听一些和课文相关的内容，既可以测试自己对于课文的掌握情况，又可以查缺补漏，巩固复习上课所学的内容，一举两得。跟读训练最后做到能将课文内容背诵出来。

很多东西，我们是需要记在我们脑子里的，这样用的时候，我们大脑才能很快的反应过来，调取我们需要用的知识。背诵课文不管是在小学生，还是高中生，乃至大学生的英语学习中都起到了至关重要的作用。英语说到底还是一门语言，我们是需要掌握其语言表达方式的，这样才能在真实的交际中脱口而出，顺利地和对方进行交流。

二、基于结构主义语言学的英语阅读教学策略

（一）英语阅读基本结构教学

1. 基本句型结构

关于句子类型分类，各派语言学家都有自己的看法，其中有从句子简易程度来分，有从交际功能来分，有从词类来分等等。在阅读过程中，可以让学生以这七种基本句子类型，对英文句子，特别是对较长的句子进行简化练习，找出句子主要框架与各成分之间的关系，从而帮助学生理解意思。这一基础工作非常重要，因为现在进入英语专业的大学生搞不清主谓宾的人还有很多。

在理清基本句子结构框架后，解读其主要要素的指向性对阅读理解至关重要。所谓指向性，是指语言要素表达出来的说话人与所叙述的时间、地点、事件在时空上的关系。语言要素的指向性可分为三类：（1）人称指向，如"I""we"主要指说话者，"you"则指听话者；（2）时间指向，如："this week""last year""next month"等；（3）地点指向，如"here""there""this""that"等说明了说话者与所指对象之间的远近关系；有些动词也有指向性，如："come""go""bring""take""fetch"等等。理解以上指向性要素的确切所指是读懂句子的基本功，因为这些所指要素中包括了整篇文章的基础细节，反之，只有明白句子的指向性，才能理解文章中的细节。

句子的结构性不仅体现于语言要素的指向性，还表现语言要素的联结手段上。联结手段可以分为两类，一类是有连接词手段；另一类为无连接词手段。有连接词手段主要是通过连接词来连接语言要素，如"and""or"表并列，"that""when""where""if""though""because"等等表从属关系。这些连接词表明了句子要素之间各种关系，对理解句子的意思至关重要。

2. 基本段落结构

句子的理解是读懂段落的基础，因为后者的基本单位是前者。段落的结构性首先体现在句子与句子的关系上，即句子间的连接手段。对此，我们也可以分成两类，有连接词和无连接词手段，但具体内容与句内连接手段有所不同。句间连接词与句内连接词一样，对于理解句子间的逻辑关系，甚至于全段的表达思路至关重要。

在阅读教学中，我们应帮助学生借助连接词来阅读段落。英语中这类连接词很多。如表示先后次序的列举词（组）有：first of all，finally 等等；表示类似关系的有：similarly，等等；表进一步说明的有：again 等等。以上这些关联词（组）体现了段内句间的逻辑关系，关系段落结构，是理解段落大意的基础，在阅读过程中同样不可忽视。

因为段落就是通过一定手段组织起来能表达一定意思的语言单位。一般来说，一个段落由其表达主要思想的主题句和其他起着描述说明解释论证等作用的句子组成。抓住了主题句，基本上就得到了该段落的大意。主题句通常位于段首；有时也可位于段尾；有的主题句也可出现在段中。当然有的段落没有主题句，这时通读全段，弄清句间关系和段落结构对于理解段落大意尤为重要。总之，看清段落结构特征对阅读理解十分有益，特别对回答练习中的主旨题有帮助。

3. 基本文章结构

主题句和连接手段的概念同样适用于分析整篇文章的结构性特征，从而有助于学生对文章的总体的深入的了解。句间连接手段也服务于段落连接。总之，借助于这些连接手段，我们可以很容易地帮助学生把握段落之间的脉络与层次，最终理解文章的全部意思，因为在一篇正规文章中，各段落之间就像句子之间一样都存在着一定的逻辑关系。

抓住文章的主题句，也是了解文章中心思想的关键所在。文章的主题句可能在开头段，结尾段，中间某段或隐藏于字里行间，需要我们仔细思考。教师可根据典型的文章结构，找到文章的主题句再加上各段的主题句。全文的主旨大意就迎刃而解。大多数情况下，文章主题句与文章开头和结尾具有密切的关系。因此，在阅读中，文章的开头和结尾应紧密结合在一起，这样，才能更好地帮助学生了解文章中心思想。

4. 文化背景结构

文章的结构性不仅表现在文章内部符号之间，即词、句、段之间，还体现在文章内符号与文章外符号的关系上，即语言符号与其所指称的现实世界和人类思维之间的联系。换言之，语言符号与非语言的文化符号构成了一个更大的结构系统，对语言符号的解读离不开文化符号的解码。

语言是文化的一部分，是文化的外衣，语言与文化之间密切关系已是一个不争的事实，所以，阅读理解的过程就是读者的通过解读语言符号进而学习文化符号的过程，就是读者的文化背景常识与文本之间交汇的过程。

众所周知，影响学生阅读理解的一个重要原因是缺少相应的文化背景知识。因此，英语教师不仅要传授给学生地道的英文表达形式，更要使其了解相应的文化背景知识，因为英语语言中包含丰富的文化内涵，有时并不是仅靠查字典就能解决问题的。词汇、词组、句子是文化的载体，文章作为整体更是文化的缩影，在讲解英文作品时教师应该将文化知识的讲授融入文章内容的讲解中，使学生对文章的了解更深入。由此看来，教师在帮助学生掌握英语语言本身的同时，指导学生有意识地学习和内化英美文化，即将文化知识教学与语言规范学习有机统一起来，对加强学生的英美文化知识能力，提高英文阅读水平是大有裨益的。

(二)"专题—模块"教学模式在英语专业阅读教学中的应用

1. 基础模块

该模块通过让学生阅读相关文章，在此基础上查阅跨学科的相关英文资料并以一定的形式呈现出来，在扩充人文知识的同时培养了其分析、综合、提出及解决问题的能力。这种概念性、综合性的问题旨在帮助学生正视自己可能存在的与专题内容相关的错误概念或盲区，其作用是鼓励学生重视人文知识及全球与社会的时事知识，同时有助于教师及时发现学生困难所在，以相应调整课堂计划，为学生在课堂上的主动参与创造条件。

2. 提高模块

在语言技能加深的基础上，同样通过数篇不同体裁、不同角度、不同难度的主题文章加深学生对该专题的认识和理解，拓宽获取知识和技能的渠道，调整学习策略和态度，培养批判性思维能力和自主学习能动性。通过一定的阅读背景和适当的引导，鼓励学生结合自己的所见所闻多角度看问题，从而使其在理论与实践上把握问题的实质，开发批判性推理思维的技能，对自己已有的成见、确信的东西与思维模式做一番清理，并对这些已有的成见、确信的东西与思维模式进行必要的修正。

3. 实践模块

教学方法的改革不能从根本上完全脱离英语专业教学大纲，所以该模块主要针对英语专业四级和八级考试中所涉及的语言和知识点进行专题实践和练习，注重英语运用能力的提高。同时，每个主题阅读单元完成后，教师均可根据主题内容设计辩论活动，以使学生对该主题进行更深层的思考，理解主题的多层面观点，同时增强师生、学生间的互动。辩论的话题可源于教材或与单元主题相关的时事热门话题。学生可自愿形成正反方，并根据自己收集到的资料先在组内交流，商讨对方可能提出的观点及如何反驳。这种思考和辩论既有助于巩固学生所学的知识和技能，又为最终建立稳定的批判思维体系奠定坚实的基础。

第六章　文化语言学与大学英语教学融合探索

语言变化与社会发展同步进行，英语教学作为一门应用型学科必须以社会发展的需要和学习者个人进步的需要为出发点，以帮助学习者适应社会的政治、经济及文化发展为己任。跨文化交际成为当今世界的时代特征，跨文化交际能力成为学习者适应这一时代发展需要的必备能力，跨文化外语教学在这种背景下应运而生。跨文化外语教学是交际法外语教学的延伸和发展，如果说提高外语交际能力是交际法外语教学的最终目的，那么它只是跨文化外语教学的一个部分，是促进跨文化交际能力培养的一个重要手段。

第一节　文化与语言教学

一、文化概述

（一）文化的内涵

文化是 20 世纪充满争论的概念。1920 年之前，关于文化有六种定义，而到 1952 年便增加到 160 余种，今日肯定更多。文化，作为人类学、社会学、文化学的科学术语，有其特定内涵与外延。

广义的文化可以分为物质文化、制度文化和心理文化三个层次。物质文化是指人类创造的种种物质文明。物质文化是一种可见的显性文化，制度文化和心理文化属于不可见的隐性文化。制度文化是指种种制度和理论体系。心理文化包括思维方式、审美情趣宗教信仰、价值观念等等，比之物质文化和制度文化，心理文化处于更深层次上。

(二) 文化的特征

1. 文化的一般特征

综合各派学者对文化的定义，概括出文化的一般特征如下：

(1) 文化是在人类社会共同生活过程中衍生出来或创造出来的，凡人类有意无意地创造出来的东西都是文化。自然存在物及其运动不是文化，如山川河流、日月星辰本身都不是文化，但人类据此而创造出来的历法、文学、艺术以及其他物品却是文化。人可以点头和摇头，这种生理机能本身不是文化，但赋予点头和摇头一定的含义，使其成为一种沟通符号，这时点头和摇头就成为文化。

(2) 文化不是天生的，而是后天学来的。人的观念、知识、技能、习惯、情操等都是后天学来的，是社会化的产物。凡文化都是通过学习得到的，不需要学习的先天遗传本能不是文化。例如，人分男性和女性，这本身不是文化，而如何扮演好性别角色，这需要后天学习才能知道，所以做男人和做女人的模式等就是文化。

(3) 文化是一个群体或社会全体成员共同享有的，个别人的特殊习惯和行为模式，是不被社会承认的，不能成为这个社会的文化。一个社会的人在共同生活中创造出来并共同遵守和使用的才能成为这个社会的文化，如语言、风俗习惯、规范、制度、社会价值观念等。

(4) 文化是一份社会遗产，是一个连续不断的动态过程。任何社会的文化，都和这个社会一样长久，是长期积累而成的，并且还将不断地积累下去，是一个无尽无休的过程。这个过程中的任何一个阶段、时期的文化都是从前一个阶段或时期继承下来并增加了新的内容。继承的并不是以往文化的全部，而是继承一部分，舍弃一部分，再增加一部分，这样就形成一定时期的文化。因此，文化是一个不断继承和更新的过程，人们不能用孤立和静止的观点去看待文化。因循守旧、故步自封是不对的，完全否定传统文化也是不对的。

(5) 文化具有多样性与共同性。文化都是具体的、特殊的，因此无论从纵向历史角度看，还是从横向空间角度看，世界各个时期、各个地域和民族的文化都是不同的，而且差异很大。人类学家和社会学家记载了大量世界各地的特殊文化，这充分说明了文化的多样性。

2. 文化的本质特征

(1) 文化是一个整体，是包括价值观、行为制度、具体物象的整体。文化可以渗透到社会肌体中的所有器官、细胞之中。然而，我们能观察到的只是这些器官和细胞，无法看到文化的影子，更不能将其抽出来作为一种实体。文化的内涵是通过其具体物象体现出来的。

（2）文化是一个有机的整体，它通过自身的新陈代谢在不断地演进着。文化各个部分不是各自孤立存在的，调整其中任何一块，其他部分都要发生变化，要素与要素之间按照某种特定的方式组合在一起，形成一个可以自转的运作系统。这个系统在运转过程中不断地吐故纳新，有些原有的文化现象消失了，新的文化现象又出现了。这种演变使文化得以发展。

以美国人类学家弗朗兹·博厄斯（Franz Boas）及本尼迪克特（Benedict）为代表的"历史地理学派"做了精深的研究，他们认为各民族的文化并非遵循同一路线进化，处于不同地理环境的各个文化都有独特的演进过程，同时又受到外部文化传播的影响。[①] 文化是由各个文化特质共同构成的整合体，任何一个单项文化物质，都是一套特殊的行为模式。这些文化物质，基本上都经过历史、地理因素的塑造，是特定的人群在特定的时间、地点，经历特定的历程形成的。从这个意义上说，文化不仅是不可复制的，也是不可以"打造"的，打造的本意是制造。优良的工业产品和商品，通过努力是可以打造出来的，而文化却不能。文化都不是打造出来的，而是时间和心灵酿造出来的，是一代代人共同的精神创造的成果，是自然积淀而成的。物质的东西可以打造，精神文化的东西是不能用"打造"这个词的，因为一切文化都是个性化的、有机的整体。

因此，我们说文化的形成，而不是说产生，如同说胎儿的形成一样。世界上没有哪个国家、民族的文化是与别的国家、民族一模一样的，就如同世界上没有两个人的指纹是一模一样的。文化本来没有好坏之分，只有先进与落后之别。文化是博大精深的，将文化的结构、功能理解为一个整体，这个整体具有共时态与历时态相统一的特点。从共时态来看，一定的文化系统内部结构在性质上是相对稳定的，其整体功能及其整体结构要素也是大体被规定了的。与此同时，不同特质和不同发展水平的文化系统，在相同的历史发展阶段中是相互影响、相互渗透的。从历时态来看，任何特定阶段的文化整体又是前代文化的积淀，具有遗传性、稳定性，从而也保持了民族性和连续性；另外，文化整体也在随着历史的变迁、外来文化的融入不断地发生递变和重建，因而又具有变异性、革命性。但因文化整体中的不同成分和要素，其"遗传"和"变异"又是很不均衡的，某些部分传统的力量强大，相对稳定，变迁缓慢；某些部分"遗传"制约比较松弛，因而变异比较迅速。文化有很强的历史传承性，文化既具民族性又具世界性；既具稳定性又具可变性。从文化层面来看，物态文化

---

① 姜伟杰. 商务英语教学理论研究［M］. 长春：吉林大学出版社，2016：185.

层变异迅速，其次是制度文化层；而行为文化层变异缓慢；心态文化层作为一种"潜意识"或"集体无意识"则具有顽强的稳定性和延续力，往往透射出一个民族的精神特质。总之，我们只有将文化看成一个动态的、有机的、开放的整体，并且注重文化与环境的结构关系，才能把握文化的生成机制、内在特质及发展趋势。

（三）文化的功能

人类由于共同生活的需要才创造出文化，文化在它所涵盖的范围内和不同的层面上发挥着以下主要功能：

1. 整合功能

文化的整合功能是指它对于协调群体成员的行动所发挥的作用。社会群体中不同的成员都是独特的行动者，他们基于自己的需要、根据对情景的判断和理解采取行动。文化是他们之间沟通的中介，如果他们能够共享文化，就能够有效地沟通，消除隔阂、促成合作。

2. 导向功能

文化的导向功能是指文化可以为人们的行动提供方向和可供选择的方式。通过共享文化，行动者可以知道自己的何种行为在对方看来是适宜的、可以引起积极回应的，并倾向于选择有效的行动，这就是文化对行为的导向作用。

3. 维持秩序功能

文化是人们以往共同生活经验的积累，是人们通过比较和选择，得出它是合理并被普遍接受的东西。某种文化的形成和确立，就意味着某种价值观和行为规范的被认可和被遵从，这也意味着某种秩序的形成。而且只要这种文化在起作用，那么由这种文化所确立的社会秩序就会被维持下去，这就是文化维持社会秩序的功能。

二、文化在语言教学中的重要性分析

实际上，文化教学应该贯穿于语言教学的每个阶段。语言教学既然最终以语用为目的，就必然涉及语言文化的教学。英语学习由几部分组成，包括语法能力、交际能力、语言的准确性和对本族文化及其他文化的态度转变。无论对于研究者还是普通英语学习者而言，文化能力，即有关风俗、习惯、信仰和意义系统的知识，毋庸置疑地应该成为英语学习不可分割的一部分，许多教师已经把文化教学作为一个教学目标融入语言课程中。在过去十年中已经受到足够重视的交际能力，强调的是"语境"的作用，认为在不同情境中交际者应该得体地运用语言。语境中蕴含着文化规则，发生在具体语境中的交际行为受文化的限制，所以想实现有效、得体的交际，要求交际者既了解语言的语法知识，又能够解读语境中暗含的文化意义，两种能力相互补充形成交际能力。

把语言仅仅当作一种符号，只学习语法规则无疑是一种错误的观念。在某种程度上，如果只对与语言有关的社会动态给予关注，而不能对社会和文化的结构有深远的洞察力，也可能导致跨文化交际中的误解。所以，外语学习就是外国文化的学习，在外语课堂中应该教授文化，这是毫无疑问的。值得争论的是"文化"的含义是什么，怎样才能将文化融入语言教学中。

文化语用失误比单纯的语言错误更容易在跨文化交际过程中造成不良影响。因为听话者很容易发现表面的语言错误，这种错误一旦被发现，听话者充其量认为说话者缺乏足够的语言知识，可以谅解，甚至会对说话人敢于交谈的勇气表示钦佩。而对于文化方面的语用失误，听话者却不会像语法错误那样看待。如果一个能说一口流利外语的人出现语用失误，他很可能被认为缺乏礼貌或不友好。他在交际中的失误便不会被归咎于语言能力的缺乏，而会被看作粗鲁或敌意。所以，外语学习者在学习一门语言时不应忽视目的语文化。

随着文化在语言习得中的重要性逐渐被肯定，语言教学研究者和工作者开始进步探讨如何能够有效地在外语教学过程中渗透文化知识，于是就产生了"文化教学"这一概念。第二语言教学的目的主要是培养学生把语言作为交际工具来掌握。寓语言教学于文化背景的目的之一是发现并排除干扰语言交际的因素。不同文化层面上的语用失误贯穿于英语学习和使用的每个阶段，因此，不同阶段的语言教学应与不同层次的文化教学有机地结合起米，从而建立一个相应的文化认知系统，以使学生英语水平得到全面提高。

三、文化对语言教学的影响

文化是语言活动的环境，因而文化因素对语言教学有重要的影响作用，主要体现在以下五个方面。

（一）文化是语言词汇教学象征意义的来源

词汇是语言的基本结构，每一个词汇都有其自身的概念，而一种语言中蕴含的词汇往往会反映出这个语言民族的文化环境，可以说，词汇对人类认识客观世界以及赋予人类世界的意义非常重要。词汇的意义分为概念意义和比喻意义。概念意义也称为"本义"，能够反映客观事物的特征；而比喻意义也可以称为"指称意义""引申意义"，或者"象征意义"，这种象征意义的存在主要是源于文化的存在。由于各个民族文化的差异性，导致人们对待同一种事物而产生的认识也会存在差异，甚至截然相反。不同的文化代表的词汇意义也不同。

(二) 文化是语言形成和发展的基础

文化是语言形成和发展的基础，没有文化，语言也就不会存在。著名人类学家、语言学家萨丕尔（Sapir）在他的《语言论》一书中指出，语言是不能脱离文化而独自存在的，也不能脱离整个社会延续下来的观念和做法。语言在很多层面上都会显示出文化因素，如句法结构、谋篇布局、词汇意义等。可以说，语言其实是文化的行为。

此外，从中西方文化的对比中也可以看出这一点。对中国人而言，人们考虑任何事情、说任何话都需要依靠综合性思维，这就需要领悟能力；而对西方人而言，他们主要将分析性思维作为主导，因而比较侧重理性。两种思维方式的差异导致汉语重意合而英语重形合。具体来说就是中国人注重意念，重视直觉的效果，只要能够准确表达出意思，词语的形式可以不必计较，这就是汉语的重意合。英语国家认为清晰合理的思想是由词语和句子决定的，只要句法完整，那么要表达的思想肯定也是完整的。所有这些都是由于中西方特有的文化背景和地理环境的差异造成的。

(三) 文化是制约语言运用的决定性因素

语言的运用受到很多因素的制约，其中文化是决定性因素，众所周知，语言的运用受到语境的影响，语境是语言生成和理解的先决条件，而文化就是语境的最主要部分。文化的决定性作用可以避免语言实际运用中的很多问题，如语言误解、语言冒犯、语言无礼等，主要表现在以下两个方面。

1. 语言受相同文化背景的影响

在汉语中，虽然有着相同的文化背景，但是也存在着语言的差异性，尤其体现在名讳上，如嫦娥，原名恒娥，这是为了避讳汉文帝而做的修改，这样的例子在古代的名讳中有很多。

2. 语言受不同文化背景的影响

在汉语中，两个朋友见面常会说，"上哪里去了呀？"或者"你去哪里了？"在中国人眼中，这充其量也就是简单的问候语，表示关怀；但是，用英语就会翻译成"Where are you going?"或者"Where have you been?"，这会让外国人感觉很不舒服，因为他们会认为你的问题侵犯了他们的隐私权，其实他们是有权利选择回答或者不回答的，甚至他们会气愤地说"这不关你的事情"。可见，文化对不同背景的实际语言运用来说有多么重要。

在对外汉语教学界，还有一种说法：语言是文化的载体。其实这一说法也是不全面的。所谓载体，当然是指承载东西的物体，亦即运载其他物质的工具。在这里，运载物和运载工具都是独立存在的，它们既可以分开，也可以用别的载体和运载物加以替换。就像用火箭发射卫星，载体火箭和运载物卫星，二者都是可以独立存在的。但是，语言与文化的关系则与此不同，这是因为：其一，一切文化活动和文化创造都离不开语言，即使是单个人的活动，包括物质活动和精神活动，也都是由以语言为基础的思维能力支配的。其二，所有的文化积累可以说都是保存在语言信息系统之中的，即使某些文化成分在历史长河中消失了，如古代乐器箜篌，人们仍可通过语言信息系统将其复原。这一属性，是任何所谓载体都不可能具备的。

语言是一种文化现象，语言本身就是语符形式与文化内容的有机整体。这就是说，语言不仅仅是意义的代码，而且也是文化的代码。鉴于语言包含了所有文化积累的信息，这就使语言成为文化总体中最基本、最核心的部分，所以我们说语言具有原文化的性质。

文化与语言二者是相互影响、相互制约的。从一方面来看，语言是用来传承文化、记录文化以及反映文化的，如果有个别的民族在发展中失去了自己的语言，即使他们的文化可以用其他的语言来进行记录，但是文化中的大部分内容也会随着语言的消失而逐渐消失。因此，语言是文化的重要组成要素。从另一方面来看，文化也会影响语言的发展，文化的动态性会导致词汇、语法的变化。文化可以创造词汇、语法，同时，这些词汇、语法也记录了当时的文化，并且能够反映当时的文化特征。总之，文化影响语言的结构和含义。

(四) 文化和语言教学相互影响制约

语言虽是文化的一部分，但却是一种特殊的文化，它与语言之外的文化相互影响相互制约。在语言与文化关系研究史上曾有两种针锋相对的观点：1. 文化影响和制约语言，语言在文化面前完全是被动的；2. 语言影响制约文化，语言是主动的，起决定作用的。这两种观点都有失偏颇。语言和文化间的关系，是双向的影响制约关系，语言对文化有影响有制约，文化对语言也有影响有制约。

语言和文化之所以相互影响相互制约，是由语言的思维职能和交际职能决定的。文化的构成和发展离不开思维。精神文化是思维的直接产物，物质文化是思维的间接产物。正如生产要受到生产工具的限制一样，思维不可避免地要受到语言这一思维工具的限制。语言常常决定思维的方式、思维的范围和思维的深度。但当思维发展到一定程度而思维工具不能满足思维的需要时，人们就会自觉不自觉地、小幅度或大幅度地改造或置换思维工具，从而带来语言的发展。就此而言，思维又影响语言，促进语言的发展。

文化和语言都是动态的，在不断发展变化。语言的发展变化影响文化的发展变化。科学的昌明使语言忌讳越来越少，语言和文化之间的影响制约是双向的，而且这种影响制约都在同时发挥作用，因此对许多现象都应该进行双向考察。语言中有大量借词存在，这些借词的借入，引导了文化的借入，使本土文化得到发展或变化。而在借词时怎样翻译、用什么样的字来记录所借的词语，又受到文化的制约。汉语借词注重意译或音意兼译，不大接受纯音译，因为名不正则言不顺的传统文化心理使汉族人不喜欢一个字没有意义，只表示声音。由此可见，借词现象本身就是语言与文化交互影响的结果。

至此，我们可以把语言与文化的关系总结为：语言是一种制度文化，语言是记录文化的符号系统，语言与文化相互影响相互制约。

（五）语言是记录文化的符号系统

语言是一种特殊的文化现象。许多文化现象只反映该文化现象的本身。语言则不同，它不仅反映语言本身，而且其重要的职能是记录其他文化现象，狭义语言更是如此。因此说语言是记录文化的符号系统。

语言记录文化首先在言语作品的内容上。其实，语言系统本身也就是一个文化世界，就在记录着人类文化。虽然它没有言语作品直接，但往往记录得更为深刻久远。当然要发掘语言系统本身所记录的文化世界，必须得有一定的语言学知识。语言是人类社会最重要的交际工具和思维工具，人们必然把认识世界的成果通过语言巩固保存下来，并通过语言传播。因此，语言成了文化的忠实记录者。

第二节 文化语言学概述

一、什么是文化语言学

语言学的研究对象是语言，文化学的研究对象是文化。文化语言学是研究语言和文化之间关系的科学，因此同语言学、文化学都有关系，是语言学和文化学的交叉学科。西方有人类语言学而无文化语言学这一名目。人类语言学产生于 20 世纪初，属于人类学中文化人类学的一个分支。文化语言学类似于西方的人类语言学，但人类语言学主要研究没有文献史的民族或部族的语言与文化，而文化语言学的研究对象比人类语言学广泛，它对人类的所有语言和文化现象都感兴趣。如果不看学科归属只看研究对象的话，可以说文化语言学是人类语言学发展的一个全新阶段。

文化语言学是我国学者1985年开始提出的。此后北京、上海、武汉等高校相继开设文化语言学课程，召开学术研讨会，并出版了一些著作和论文，日本等国家或地区也对中国的文化语言学进行了若干介绍。文化语言学的出现，与以下因素有密切关系：

第一，我国有悠久的小学传统，小学分音韵、文字、训诂三门，作为经学的羽翼颇重实用，其中文字、训诂的研究历来同文化有着密切的联系。如文字构成的理据、名物典章制度的训释等，都直接或间接地牵涉到文化问题，甚至是为文化服务的。语言研究同文化结合的学术传统，是今天文化语言学产生的学术温床。

第二，自1898年马建忠的《马氏文通》问世，中国的语言研究进入到现代语言学的阶段。马氏的语法系统较多受西洋语法影响，这一系统虽在中国语法学的发展中不断改善，但仍不能令人满意地解释汉语。西洋语法较重视形式，汉语语法缺乏严格意义上的形态变化，较重意义，与语用和文化的关系更为密切，因而从文化的角度解释汉语有一定的学术魅力。

第三，改革开放以来，国外新的学术思潮接踵传入，大大开阔了学者的眼界。西方从美国描写语言学派到乔姆斯基，都力主形式主义的语言研究。美国描写语言学派放弃研究语言意义，乔姆斯基以语言的自主性为宗旨，经营转换生成语言学，把形式主义发展到极致，把语言同文化的关系剥割殆尽。70年代前后，重语义、重篇章、重社会文化心理的学术思潮在反对乔姆斯基的呼声中兴起。这些不同于形式主义语言学的思想，特别是人类语言学、文化学以及其他研究语言与文化关系的新学科、新成果，启发中国学者重新审视语言与文化的关系。

第四，学科之间的交叉研究成为当今学术发展的潮流。在语言学界就有社会语言学、心理语言学、数理语言学等。这些交叉学科或研究两种事物间的关系，或从新角度揭示事物的新现象、新规律，或引进新的研究方法，或添加新的研究目的等等。这种学术新潮是促成文化语言学产生的一个因素。如上诸因素的相互作用，使文化语言学在20世纪80年代的神州大地上应运而生。当然，事物的发展总有一个过程，文化语言学提出的时间不长，对语言与文化的关系的认识还相当有限，具体研究成果还不很多，理论框架也不完善。特别是对文化语言学的地位、属性和研究对象等还有不同意见。

文化语言学建立之前，人类语言学和社会语言学还可有限度地代替文化语言学的研究职能，但从研究的系统性和学科划分的科学性上考虑，把文化语言学归属到人类语言学或社会语言学，并不见得有多少优越性。

　　根据研究对象可把学科分为两类：一类是研究某一事物性质的学科，一类是研究事物间关系的学科。传统的学科多以某一事物为研究对象，这类学科一般把事物的内部结构作为研究重点，在研究事物内部结构时也可能涉及该事物的外部条件，亦即同他事物的关系，但研究事物外部条件或研究同他事物的联系，目的是为研究事物内部结构服务的。语言学也讨论语言与社会等的关系，但研究这些关系的意图在于要更好地说明语言的内部结构，说明语言为何会有这样的结构，语言结构为何会发生各种各样的变化等。

　　当前兴起的交叉学科，大都担负有研究事物间关系的任务。若把研究某一事物的学科称为"本体学科"、把研究事物间关系的学科称为"关系学科"的话，那么可以说，把关系学科从本体学科中分化出来，是科学向着精细、系统方向发展的必然结果，是科学的进步。这正是当前交叉学科雨后春笋般成长起来的重要原因之一。

　　人们对传统学科的分类系统已形成习惯，习惯的驱动力使人们总是希望把关系学科隶属于一定的本体学科，许多争论由之而生。其实，关系学科就是关系学科，硬把关系学科塞入某本体学科，或将其肢解而分身于不同的本体学科，并不是有利于学术发展的妥善之举。关系学科有不同于本体学科的特殊研究对象和研究目的，本体学科无法替代和包容。当然，若为分类或研究的方便，把关系学科暂放入某本体学科，也不是什么大不了的事，不必为此争论不休。当前来说，正名为次，关键是集中精力脚踏实地的研究。

　　文化语言学正是关系学科，虽与语言和文化都有密切关系，但从理论上说既不是语言学的一个分支，也不是文化学的一个分支，而是有自己独特研究对象和研究目的的独立学科。文化语言学的研究内容相当广泛，如文化语言学研究的理论与方法，文化语言学研究的历史、现状和未来，文化语言学的地位和作用等。

二、文化语言学的研究对象

　　（一）研究语言与人的生活的关系

　　生活是文化学最感兴趣的一个课题，因为人类的全部文化行为—思维模式、情感模式、行为模式，全都体现在生活之中。若从日常生活的观点随意一瞥，生活似乎和语言无关。吃、喝、玩、乐，这些都是通过实际的生活习惯、通过语言之外的手段，有意识或无意识来进行的。其实不是这样。生活和语言的关系从来就密不可分。也许我们可以夸大一点说，是语言划分了生活的界限。假如没有早、午、晚、春、夏、秋、冬这些时间观念，没有东、西、南、北这些空间观念，我们的生活就像一团乱麻，无论怎样梳理都不会有个头绪；一切都没有界限，没有目标，也就无所谓生活。

而语言中的时空把时间做了划分，是因为语言中的这些时空概念，帮助人们把生活划分为不同的时间和空间，告诉人们在什么时间内到哪个地方去干什么，从而使生活变得井井有条、秩序井然起来。因此，我们说，生活离不开语言。

（二）研究语言与社会生活的关系

比起生活的定义，社会生活的范围要小得多。它专门指在一定的社会环境下的社会生活。比如社会的公民政治、物质生产、文化教育，以及在这些社会生活中形成的各种社会集团、不同的社会角色的生活。这种社会生活和语言生活有着密切的关系。

关于这一点，近年来的社会语言学已经展开了充分的研究，并取得了显著的成果，可对于语言与政治、经济、文化等这些构成社会生活形态的东西的关系，还没有展开研究。文化语言学应当从广阔的人类社会文化空间入手，来研究这一现象。

（三）研究时空与语言的关系

这个问题我们过去已有过研究，但是，往往是从风格学的角度，而不是从文化学的角度来研究的。所以，我们的研究便成了时代风格、地理风格、民族风格等文艺学的结论了。事实上，人类文化生活中的语言的时空特征，恰恰是人类文化生活的一个很重要的特征。一个时代有一个时代的语言特点。表面看来是一种风格变化，其实这其中蕴含着社会文化生活的变化图景，应当从文化语言学的角度予以描述。

（四）研究语言与风俗的关系

语言与风俗的关系也是文化语言学最感兴趣的一个课题。语言一方面反映了一个地区、一个民族的风土人情，另一方面，语言本身也是一种风俗。风俗与人类其他文化行为，也包括语言的密切关系。对语言风俗的描写，不仅会使我们了解到风俗是如何作用于语言的，还可以为我们展现一幅"清明上河图"般的丰富多彩的风俗画卷，同时也将使我们领略到言语交际的某些奥妙。

(五) 研究语言与世界观、价值观的关系

当年，美国两位著名语言学家萨丕尔（Sapir·Edward）、沃尔夫（Whorf）在长期的人类语言学研究中，曾提出了一个天才的构想、大胆假设，认为某种语言决定这种文化感知世界的方式。这一假设曾使很多人震惊。在一些人的思想里，这简直就是荒诞不经的"天方夜谭"。我们也曾把这种假设当作唯心主义进行批判。但事情并非那么简单。历史好像故意与人开玩笑。过了几十年，现在人们又把热门话题转移到这方面来。很多研究都证明，即使语言的形式不能决定世界观的方式，但语言在人的世界观的形成过程中确实产生了一定的作用。此外，诸如人类的信仰、生活价值取向等，也都在语言中反映出来。这无论是在文化学界还是语言学界，都是一个饶有兴趣而引人入胜的问题。

(六) 研究语言与宗教的关系

语言同宗教有没有关系？这个问题，直到现在我们尚未给予很好的解答。这有两方面的原因。一方面由于宗教作为一种复杂的文化现象，其本身要比我们想象的复杂得多。另一方面，传统语言学从未进入这块神圣的境地，于是，神圣的境地变得更加神秘莫测了。语言和宗教有着极为密切的关系。宗教的产生离不开语言，宗教信息也是通过语言传播的，等等。文化语言学的发展必将揭开这块神秘的面纱。它对无神论的宣传和人类健康的精神文明建设都具有十分重要的意义。

(七) 研究语言与艺术的关系

艺术与宗教一样，是人类精神文化中最古老的形式之一。语言与艺术有着极为密切的关系。语言是艺术的媒介，语言本身也是一种艺术。由语言构成的艺术世界本身就是一种文化现象，它把人的文化世界装扮得更加精彩。文化语言学不仅要描述人类文化的语言艺术形式，而且还要深入一步，探寻语言艺术作为一种文化现象，是怎样发挥其在人类文化发展中的作用的。

三、文化语言学的研究方法

(一) 实地参与考察

实地参与考察法是一种调查方法，它由参与和考察两部分构成。其突出特点是亲临现场参与其中，这种方法有的人类学家称之为"田野调查法"或"实地研究法"。它是人类学家了解人类行为考察包括语言在内的文化现象获

取第一手科学依据的最基本的方法。

文化语言学实地参与考察法的突出特点,是亲自参与和实地考察。实地考察强调的是第一手资料,第一手资料对于文化语言研究来说,不仅材料是新鲜的、可靠的,而且是可资引发独立思考和真知灼见的。亲自参与强调的是文化的直接体验,好些文化内容的研究,是十分需要进入角色和亲身体验的。实地参与考察,对于非母语文化的研究是必不可少的,即使是自己的母语文化,也不能轻视,严肃的学者,可能也应该以研究者的角色再来体验和思考自己的母语文化。

(二) 共层背景比较

比较是鉴别事物的重要手段,也是发现规律不可缺少的方式。文化语言学从确定材料到规律揭示,都离不开比较这种方法。由于文化语言学是对语言的文化属性及以语言为表现形式的文化研究统称"语言文化现象"研究,因此文化语言学的比较从其全过程看是一种"语言背景"比较,这种比较方法要求我们在进行语言比较的同时,还要进行文化背景的比较,并在此基础上建立起两种比较结果之间的内在联系。可是文化语言学的比较,还要我们进一步透过语言的差异去揭示前提的差异,即进行有差异语言文化背景的比较,揭示前提与现象之间的联系。

因此,我们进行文化语言学分析,用来比较的对象就不一定强调非得是另一文化的义字,而应强调文化内容的层次同一性。并且通过比较,我们会比较容易地看到,早期人类群体尽管远隔千山万水,但是他们在认识事物方面却有着惊人的相同特点一类比,并且在类比时都是以"人"作类比对象,其思考问题的思路也都是遵循的一种察己知人的一统论思维模式。

比较是各门学科都要用到的方法,而文化语言学的比较之特殊点就在于它注重比较内容的多重性,被比较对象的共层性。因此,文化语言学的比较是共层文化对象及其背景的比较,这种比较方法可称为"共层背景比较法"。

共层背景比较的对象可以是同一语言不同历史阶段的比较,也可以是不同语言或不同亚语言同一历史阶段的比较。不同历史阶段的比较一般称为"历时比较",同一历史阶段的比较,一般称为"并时比较"。并时比较可以发现几种不同语言同一语言文化现象的差异及其原因,进而揭示文化现象的特点和功能,找到人类文化的共性。

历史比较不仅可以描述出某一文化现象或某一文化乃至人类文化的发展轨迹,而且还往往能给某个文化乃至整个人类文化的发展以某种预示。不过,历时比较常常要和并时比较结合起来使用。

(三) 整合外因分析

整合外因分析法由两部分构成，一是整合论，二是外因分析。"整合论"是把四个文化要素或子系统看作整体中的部分从而探求部分与部分之间的联系的方法。这种方法的基本观点或理论基础是：任何一种文化或包含该文化的某种特定时空都是一个相对自足的结构系统，这个系统由若干子系统构成，子系统又是由更小的子系统或要素构成，任何部分都处在一定的整体中，并且以它相对部分的存在为前提；某个部分功能的实现依赖于它相对部分的功能的整合，如果整体中某个部分消失或功能改变，其他部分也会发生连锁反应。

从另一方面看，文化语言学的整合论也不简单地等同于结构语言学的整体功能大于它的部分之和，结构成分的性质依赖于它相对的成分的理论。一步到位的解释应该是：外因决定内部结构关系是内部结构关系决定其构成成分的性质。因此，文化语言学的整合论是有内部对应范畴的外因决定论。外因，很多时候人们喜欢称之为"背景"。因此整合外因分析又可称之为"整合背景分析"，并后一种称法有时却也更有利于突出文化语言学的目标追求，因为在文化模式或文化要素的分析中，文化语言学家的兴趣点在于揭示它的出现、发展、变化和消亡的规律及其条件，并且在其前提的追寻中不是着力于研究对象的内部矛盾，而是致力于其外部矛盾的探求，即"外因分析"。这一点正好是文化语言学和经典语言学的本质区别，也不同于以语言与文化共变关系为最终研究目标的社会语言学。

第三节　大学英语文化教学研究

一、大学英语文化教学的目标

文化教学致力于传授人们交际或与外语教学有关的文化知识，也就是研究两种社会文化的相同和不同之处，使学生对文化差异有较高层次的敏感性，并把它用于交际中，从而达到成功交际的目的。文化意识和跨文化交际能力的培养需要教师的帮助和引导，需要在英语课堂教学过程中，把文化教学融合于语言教学的长期努力。传统意义上的文化教学是教授目的语国家的历史、地理、国家机构、文学艺术以及影响理解文学作品的背景知识。

文化教学不仅仅是讲授不同国家的文化现象或者传授给学生一些文化事实，还要培养他们的跨文化交际能力。如果学生只是死记硬背一些文化事实，往往会造成在跨文化交际过程中因循守旧、不擅变通的后果。因为文化不是一成不变的，只有真正掌握跨文化交际的原理和技巧，才能以不变应万变。达到得心应手地进行跨文化交际的目的，这才是文化教学的真正内涵。

二、大学英语文化教学的原则与内容

（一）文化教学的原则

鉴于文化概念的复杂性和文化内容的广泛性，语言教学中添加文化教学内容或者渗透文化知识应该遵循一定的教学原则。

1. 实用性原则

所谓实用性是指文化教学应结合语言实际，由于文化是不断变化的，所以文化教学内容应是"共时"文化。文化教学过程中教师应尽量将文化背景知识具体化、形象化，避免过于抽象的讲解，否则学生会认为文化内容与日常交际脱钩，无实际应用价值。只有所学的文化内容与其在日常生活交流中所涉及的主要方面密切相关，才能激发学生学习英语的兴趣。

2. 阶段性原则

阶段性原则实际上就是要求文化教学的内容应遵循"由浅入深、循序渐进"的原则，学生的语言水平、接受能力因年龄而异，所以在文化教学内容的选择上应遵循"由简单到复杂，由现象到本质"的特点，先从表层文化入手，再逐渐渗透价值观念，宗教本质等深层文化。

3. 适度性原则

课堂所讲的文化知识点必须与课文内容密切相关。如果脱离课文讲文化则冲淡了语言教学的目标，其结果是既讲不好文化又教不好英语。文化是包罗万象的，内容广而杂，教师应鼓励学生自己进行大量课外阅读，增加文化积累，以培养学生自主学习的能力，使其终身受益。

（二）文化教学的内容

在教学中，我们应以系统性为原则让学生学到较为全面的文化知识，为培养学生的跨文化交际能力奠定扎实的基础。具体到课堂教学，文化教学可以概括为以下四点内容。

1. 教学中注重介绍词语的文化内涵

语言词汇是最明显的承载文化信息，反映人类社会文化生活的工具。词汇是语言的建筑材料，是理解文化的基础，也是学生在听力、阅读等方面的主要障碍。文化意义是指某一文化群体对一客体本身所做的主观评价，同一客体在不同文化的人中产生的联想意义不同。词语在文化上的差异是学好外语的一大障碍。因此，在词汇教学中要注意词语的文化意义在目标语和母语之间的对比。

2. 文化背景知识

背景知识是语言文化的重要组成部分。研究表明，在阅读过程中，理解文章的关键在于正确地使用已有背景知识去填补文中一些非连续的空白，使文中其他信息连成统一体。

3. 教学中介绍英语的交际习惯和行为方式

文化制约着人们的一切行为，包括语言行为。不同文化背景有不同的语言习惯和行为方式，在教学中要注意培养学生对目标语与母语在交际习惯和行为方式差异方面的敏感性，提高学生跨文化交际能力。

4. 教学中比较价值观念和思维方式

在跨文化交流中，由于交际者双方都有各自的价值观念和思维方式，因此经常出现矛盾和冲突，导致跨文化交际难以顺利进行。价值观是任何社会和文化中的人们生活的准则，思维方式和道德标准是文化的核心内容。东西方截然不同的价值观赋予了两种语言以不同的文化内涵。在教学中，要使学生了解中英两种语言在价值观念和思维方式上的异同，使学生能在交际中做出正确的预测，完成有效的跨文化交际。

三、大学英语文化教学的策略

英语教学的有效实施也离不开行之有效的文化教学策略的支持。

（一）文化旁白教学法

文化旁白是教师在课堂上最常用的方法，也是将语言教学和文化教学融为一体的方法。一般来说，教材所选的课文都有特定的文化背景，可以是作者背景，也可以是内容背景或者时代背景。如果学生不了解或缺乏相关的背景知识，就会影响他们对文章的正确理解，自然也就不能对阅读理解的问题做出准确的推理和判断。

文化旁白除了教师的解说以外，还可以借助图片或实物等实现。在听力教学中也可随时引入文化旁白。因为在听力理解的过程中，听者的社会文化背景知识与语用学知识和语言方面的知识同样重要。如果缺乏对中西文化差异的了解，就会影响对话语深层次的理解。

(二) 显性文化教学法

1. 显性文化教学法的特征分析

第二次世界大战之后，外语教学受到了人类学和社会学的影响，文化教学也不例外。人类学视角的文化是"特定群体整个的生活方式"，这种观点对外语界产生了深远的影响。这样，文化从"心智的完善"和"人类文明成就"转向了"某个社会的生活方式"，也就是说，外语教学中的文化从"大文化"转向了"小文化"。

教学中必须区别"大文化"和"小文化"，并且在语言教育中应将重点从"大文化"转向"小文化"，在语言学习的初期阶段更是如此。在这个转变过程中，文学并没有被遗忘，因为人类学的观点也认同文学作品是异文化生活方式的镜子，而对异文化生活方式的了解也有助于人们更深入地理解外国文学作品。这种相对独立于语言教学的、较为直接系统的、以知识为重心的文化教学法，我们称之为显性文化教学法。

归纳起来，显性文化教学有三个主要特征：（1）基于对语言与文化的密切关系的认识，在外语教学中有意识、有目的地补充了外国文化的教学；（2）对"文化"概念的认识吸收了人类学和社会学的观点。文化教学的内容从"大文化"转向了"小文化"；（3）无论文化教学的重心放在"大文化"还是"小文化"，文化均被认为是一种知识，传授的方式是直接、明确、较系统的，并相对独立于语言教学之外。

2. 显性文化教学法的优势

显性教学法直接明确地介绍外国文化，这有助于减轻人们由于对异文化不熟悉而产生的疑惑，而且这种知识是培养学生跨文化交际能力的基础。我们是在全汉语的环境下学习外语，因此，显性文化教学法省时、高效的优点是显而易见的。而且这些相对独立于语言教学的自成体系的文化知识材料可以很方便地供学生随时自学。

3. 显性文化教学法的缺点

尽管显性文化教学法追求直接和明确，但是，教学中还有很多东西是无法教授的。显性文化教学法很容易使学生对异文化形成简单的、粗线条的理解，这样形成的定型观念往往会阻碍跨文化交际的有效进行。

虽然显性文化教学的理论基础是"语言与文化是不可分割的整体"，而实际的操作却把外国文化的教学与外国语言的教学脱离开来，这样不利于文化教学的整体实施。

学习者始终扮演着被动的、接受的角色，与目的语文化之间构成一种静态的关系,这忽略了学习者实际面临异文化时的主观认识、思维过程和行为能力,忽略了学习者进行文化探究的能力和学习策略。

4. 显性文化教学法的运用

中国对显性文化教学的运用大致可分为两种模式:一种是在语言课程之外开设专门的文化课程。这类课程直接系统地传授英语国家的历史、地理、制度、教育、生活方式、交际习俗与礼仪等有形的文化知识;另一种是在语言课程中"导入"与"语言点"相对的"文化点"。

这种文化导入虽然是有目的、有意识的,其所涉及的文化知识既有文化事实以及与文化有关的语言现象,也有跨文化交际的规约,但它往往是结合阅读课文或听力对话等语言知识的学习,因此这种文化教学是不够系统的。

(三) 隐性文化教学法

1. 隐性文化教学法的理论基础

诞生于欧洲并迅速盛行全球的"交际教学法"给外语教育中的文化教学带来了新的思路。海姆斯(Hymes)的"交际能力"概念的提出进一步印证了外语教学必须教授外国文化的思想。[①]

威尔金斯(Wilkins)以语言学习者的交际需求作为出发点提出的意念大纲,对交际教学法产生了深远的影响。意念大纲不只是注重语言形式,还注重语言的交际功能,它认为语言内容必须置于一定的社会文化背景下才有意义。[②] 这种从语言形式向语言内容的转变使语言教学的主要目标由用法转向了使用,也促进了文化教学与语言教学的自然结合。

专门用途英语(ESP)也是基于语言学习者的交际需求应运而生的,它也是"交际教学法"的一个重要组成部分。专门用途英语考虑了学习者个人具体的学习需求,随之发展起来的是学习者需求分析、各种水平的个人学习材料、分级语言测试等,以适应各种情况的学习者。专门用途英语清晰明白的"实用目的"给文化教学开拓了一个重要的思路。

交际教学法进一步加强了"外国文化教学是外国语言教学的一部分"的认识。当注重以交际为目的的语言在一定社会文化背景下的使用时,英语教学与外国文化的教学自然地融合起来。文化教学不再是直接地传授文化知识,而是强调在课堂提供的真实的交际情景中以交际为目的而使用语言的过程中自然地习得异文化,是践行"通过实践来学习"的理念。隐性文化教学法就是融

---

① 路景菊. 大学英语教学研究[M]. 长春:吉林大学出版社,2007:119.
② 齐放. 英语教育学导论[M]. 西安:陕西人民教育出版社,2010:133.

于语言学习之中的、较为间接、相对分散的、以行为为重心的文化教学法。

2. 隐性文化教学法的优势分析

隐性文化教学法的优势主要体现在四个方面：（1）注重语言的社会功能和交际功能的培养，使语言教学与文化教学真正有机地结合起来。（2）提倡"通过实践来学习"可以填补如何教授外国文化的隐形内涵这一空白，尤其是隐含在语言使用中的文化知识和话语规则。（3）课堂的各种交际活动给学习者提供了一个认识和感知异文化的机会，并注重学习者自主探究异文化的主观能动性和思维的过程。（4）关注学习者个体的交际需求，使教师能够更加有的放矢地定义课堂文化教学的内容，在有限的课堂时间内最大限度地提高文化教学的有效性。

3. 隐性文化教学法的缺点

隐性文化教学法的弊端主要包括两个方面：（1）因为隐性文化教学法强调语言在特定社会文化背景下的使用，文化的概念被狭窄地定义为"小文化"，专门用途英语的兴起更进一步缩小了外国文化的范围，所以无法满足语言学习者的交际需求的文学就变得不再像以前那么流行。（2）其过分强调语言和文化的自然结合，让学习者在语言学习的过程中自然地习得异文化，这样做必定会导致文化教学缺乏系统性。因此，如何才能有目的、有意识地使外国语言的教学与外国文化的教学有机地结合起来依然是我们要解决的难题。

4. 隐性文化教学法的实践运用

由于隐性文化教学法是与语言学习融合在一起的，因此它在英语课堂教学中的应用也比较普遍。教师通过间接方式，将文化内容分散到课堂教堂中，让学生在不知不觉中习得异文化。

(四) 文化参观教学法

文化参观是以教师为辅，以学生为主体，在课堂时间或课外时间以某个文化专题为学习任务，以参加统观摩活动的方式来实现预期的学习效果。适用于以下两种情况。

①某个文化教学单元结束以后，学生共同具备了有关专题的文化知识，就可以参观适合该专题的文化展览。

②当教师想要测试学生独立工作、综合分析文化知识的能力时，可安排学生参加文化展览并完成某个学习任务。

文化参观能够调动学生主观能动性，使他们能主动地观察、接触、研究、总结文化知识。文化参观一般都在比较宽松和非正式的环境中进行，娱乐性和趣味性较强。文化参观比较适合作为一种辅助性的教学策略，而不能作为常规的教学策略使用。由于学习任务不明确，学生自主选择时间进行的文化参观会变成走过场，学习效果不明显。

（五）文化讨论教学法

文化讨论是以班级为单位，教师为组织者，调动学生就某个专题开展有序的、面对面的讨论，以解决实际问题或解答特定课题。文化讨论需要一定的条件才能得以顺利开展。参加讨论的人必须要积极开口，乐意与人交谈而且乐于倾听别人的发言；参加讨论的人，应当提出至少两种以上不同意见，这样才能激发思考，各抒己见；作为一个集体，所有参加的人都应希望通过集体智慧加深自己对主题的理解。

组织文化讨论的目的是使学生通过交流加深对某种主题的了解，而不是劝说别人或与人争辩。在讨论中，教师是讨论的组织者和主持人，不应占用太多发言时间，学生应是主体，教师只在提示和纠正偏题现象时发言。

文化讨论有利于学生交际能力的培养，讨论的形式为学生提供锻炼语言表达能力的机会，以及倾听别人意见、尊重别人经验和学习成果的机会。文化讨论有利于建立起平等的师生关系，学生间的互动性也较强。文化讨论要求学生和教师都必须做好充分准备，否则课堂上就会出现冷场现象。

（六）文化欣赏教学法

文化欣赏是以班级为单位的教学活动，教师以主持人的身份组织学生根据预定的计划就某一文化专题或某一文化事件，代表个人或小组向全班做汇报式讲演。文化欣赏可以采取不同的形式：可以是纳入教学大纲、按序列专题进行的演讲，例如将学生分成若干组，指定主题让其准备，然后在课堂开始或结束时由小组代表发言十分钟；也可以是随意的或即兴的文化欣赏，例如学生凭自己的兴趣选择题目，进行课堂演讲；或者是总结性的文化欣赏，即在文化专题学习之后，组织汇报演讲，以陈述为主。

文化欣赏对教师和学生提出了很高的要求。教师不能事先预知学生表演的内容，这就要求他们具备灵活应对课堂上会出现的问题的能力。另一方面，文化欣赏需要学生的积极配合，学生必须具有很高的积极性和很强的自主学习能力才能够顺利完成学习任务。

参考文献

[1] 曹炜. 普通语言学教程 [M]. 广州：暨南大学出版社，2015.

[2] 淡晓红，何伟. 新"被"字结构之功能视角研究 [J]. 西安外国语大学学报，2017（3）.

[3] 淡晓红. 现代汉语独立"的"字结构的功能视角研究 [J]. 北京科技大学学报（社会科学版），2016（1）.

[4] 高生文. 语域视角下的翻译研究 [M]. 北京：对外经济贸易大学出版社，2016.

[5] 郭慧. 应用语言学理论视阈下高校英语教学实践研究 [M]. 北京：冶金工业出版社，2019.

[6] 郭娟. 外语教学与语言文化 [M]. 长春：吉林文史出版社，2017.

[7] 何伟，等. 汉语功能语义分析 [M]. 北京：外语教学与研究出版社，2017.

[8] 何伟，魏榕. 国际生态话语之及物性分析模式构建 [J]. 现代外语，2017（5）.

[9] 何伟，薛杰. 汉语"动量词"之加的夫语法视角研究 [J]. 解放军外国语学院学报，2018（1）.

[10] 何伟，张存玉. 表达气象意义小句的及物性研究：系统功能类型学视角 [J]. 解放军外国语学院学报，2016（1）.

[11] 何伟，张瑞杰. 生态话语分析模式构建 [J]. 中国外语，2017（5）.

[12] 何伟，赵常玲. 翻译中的认知功能语境模式 [J]. 外国语文，2016（5）.

[13] 何伟，仲伟. 系统功能语法视角下汉语小句的限定与非限定之分 [J]. 外语教学，2017（5）.

[14] 胡壮麟，朱永生，张德禄，李战子. 系统功能语言学概论（第三版）[M]. 北京：北京大学出版社，2017.

[15] 黄国文，陈旸. 作为新兴学科的生态语言学 [J]. 中国外语，2017（5）.

[16] 黄国文. 生态语言学的兴起与发展 [J]. 中国外语，2016（1）.

[17] 黄国文．"译意"和"译味"的系统功能语言学阐释［J］．外语教学与研究，2015（5）．

[18] 李学宁，董剑桥．韩礼德的机器翻译思想初探［J］．中国外语，2012（3）．

[19] 刘志伟，李学宁．系统功能语言学在自然语言处理中的应用［J］．上饶师范学院学报，2014（2）．

[20] 彭宣维．从系统功能语言学扩展模式谈汉语的主语和主语结构［J］．西华师范大学学报（哲学社会科学版），2016（2）．

[21] 彭宣维，刘玉洁等．汉英评价意义分析手册——评价语料库的语料处理原则与研制方案［M］．北京：北京大学出版社，2015．

[22] 彭宣维．系统功能语言学的学理及发展走向［J］．中国外语，2017（1）．

[23] 司显柱．功能语言学与翻译研究：翻译质量评估模式建构［M］．北京：外语教学与研究出版社，2016．

[24] 索绪尔．普通语言学教程［M］．高名凯，译．北京：商务印书馆，1980．

[25] 王品，王振华．作为社会过程的法律语篇与概念意义研究［J］．当代修辞学，2016（4）．

[26] 王文峰，张敬源．系统功能语言学的"选择"思想［J］．现代外语，2018（1）．

[27] 王汐．实例化、实现化与个体化三维翻译视角［J］．外语教学，2018（2）．

[28] 王勇，徐杰．系统功能语言学与语言类型学［J］．外国语，2011（3）．

[29] 王振华，田华静．作为社会过程的法律语篇——系统功能语言学框架下的语篇语义观［J］．语言学研究，2017（1）．

[30] 王振华．詹姆斯·马丁的司法语言研究及其启示［J］．当代外语研究，2012（1）．

[31] 吴元霞．英语教学与文化融合［M］．北京：光明日报出版社，2017．

[32] 武琳．大学英语教学模式与课程建设研究［M］．长春：吉林大学出版社，2016．

[33] 辛志英，黄国文．系统功能类型学：理论、目标与方法［J］．外语学刊，2010（5）．

[34] 刑福义．文化语言学［M］．武汉：湖北教育出版社，2000．

[35] 徐大明．语言学理论对自然语言处理的影响和作用［J］．云南师范大学学报（哲学社会科学版），2017（3）．

[36] 许丹丹，陈蕊. 功能语言学与英语教学研究［M］. 长春：吉林大学出版社，2019.

[37] 杨曙，常晨光. 系统功能类型学［J］. 外语与外语教学，2013（4）.

[38] 于根元. 应用语言学概论［M］. 北京：商务印书馆，2003.

[39] 于梅欣，王振华. 我国法律语言中"其他"一词的语篇语义分析［J］. 当代修辞学，2017（6）.

[40] 张存玉. 系统功能语法视角下的现代汉语时间系统［D］. 北京：北京科技大学，2017.

[41] 张红燕，李满亮. 分类度量短语作为修饰语的汉语名词词组之系统功能语言学分析［J］. 北京科技大学学报（社会科学版），2017（6）.

[42] 张健坤. 跨文化交际英语教学与研究［M］. 北京：冶金工业出版社，2019.

[43] 张娇. 话语基调视角下的《孟子》英译本比较研究［D］. 北京：北京科技大学，2015.

[44] 张敬源，王文峰. 中国加的夫语法研究二十年：回顾、思索与展望［J］. 外语研究，2016（5）.

[45] 张美芳. 功能途经论翻译：以英汉翻译为例［M］. 北京：外文出版社，2015.

[46] 张秀萍. 认知语言学理论视角下英语教学新向度研究［M］. 北京：中国商务出版社，2018.

[47] 赵常玲. 功能语境视角下的《中庸》英译本比较研究［D］. 北京：北京科技大学，2017.

[48] 赵萍. 应用语言学视角下大学英语教学研究［M］. 长春：吉林人民出版社，2020.

[49] 赵艳芳. 认知语言学概论［M］. 上海：上海外语教育出版社，2001.